使える学力 使えない学力

国語で一生使える論理的表現力を育てる方法

田中保成
音羽塾主宰

Discover

はじめに

◎日本人の「読解力」が危ない！

２００７年12月、教育関係者の間に衝撃が走りました。ＯＥＣＤ（経済協力開発機構）生徒の学習到達度調査（ＰＩＳＡ）のランキングが発表になり、日本の15歳生徒の「読解力」の06年ランキングが、57か国中15位にまで後退していることが明らかになったからです（２０００年８位、２００３年14位）。韓国が、調査ごとに順位を上げ、ついにトップとなったのとは対照的です。

03年調査でベスト10を逃した日本では、学校を中心にさまざまな対策を講じてきましたが、それも実らず、さらに順位を落としてしまうという残念な結果になりました。

この報道を聞いて、「日本の小中学生は、『長文読解問題』が不得意になっているのか」と感じた方も多いと思います。私も、最初はそうでした。

読解力平均得点の国際比較

2000年			2003年			2006年		
1	フィンランド	546	1	フィンランド	543	1	韓国	556
2	カナダ	534	2	韓国	534	2	フィンランド	547
3	ニュージーランド	529	3	カナダ	528	3	香港	536
4	オーストラリア	528	4	オーストラリア	525	4	カナダ	527
5	アイルランド	527	5	リヒテンシュタイン	525	5	ニュージーランド	521
6	韓国	525	6	ニュージーランド	522	6	アイルランド	517
7	イギリス	523	7	アイルランド	515	7	オーストラリア	513
8	日本	522	8	スウェーデン	514	8	リヒテンシュタイン	510
9	スウェーデン	516	9	オランダ	513	9	ポーランド	508
10	オーストリア	507	10	香港	510	10	スウェーデン	507
			14	日本	498	15	日本	498

出典：文部科学省資料

しかし、事はそう単純ではありません。というのは、PISA型「読解力」で出題されている問題は、次のようなものだからです。

＊

・チャド湖に関する問題

図1は、北アフリカのサハラ砂漠にあるチャド湖の水位変化を示しています。チャド湖は、最後の氷河時代の紀元前2万年ごろに完全に姿を消しましたが、紀元前1万1000年ごろに再び出現しました。現在のチャド湖の水位は、西暦1000年とほぼ同じです。

次のページのチャド湖に関する情報を用いて、問1〜5に答えてください。

問1　現在のチャド湖の水深は何メートルですか。
A　約2メートル
B　約15メートル
C　約50メートル
D　チャド湖は完全に姿を消している。
E　情報は与えられていない。

問2　図1のグラフは約何年から始まっていますか。

問3　筆者は、このグラフの始まる年として、どうしてこの年を選んだのですか。

問4　図2は、ある仮定に基づいています。その仮定を以下から一つ選んでください。

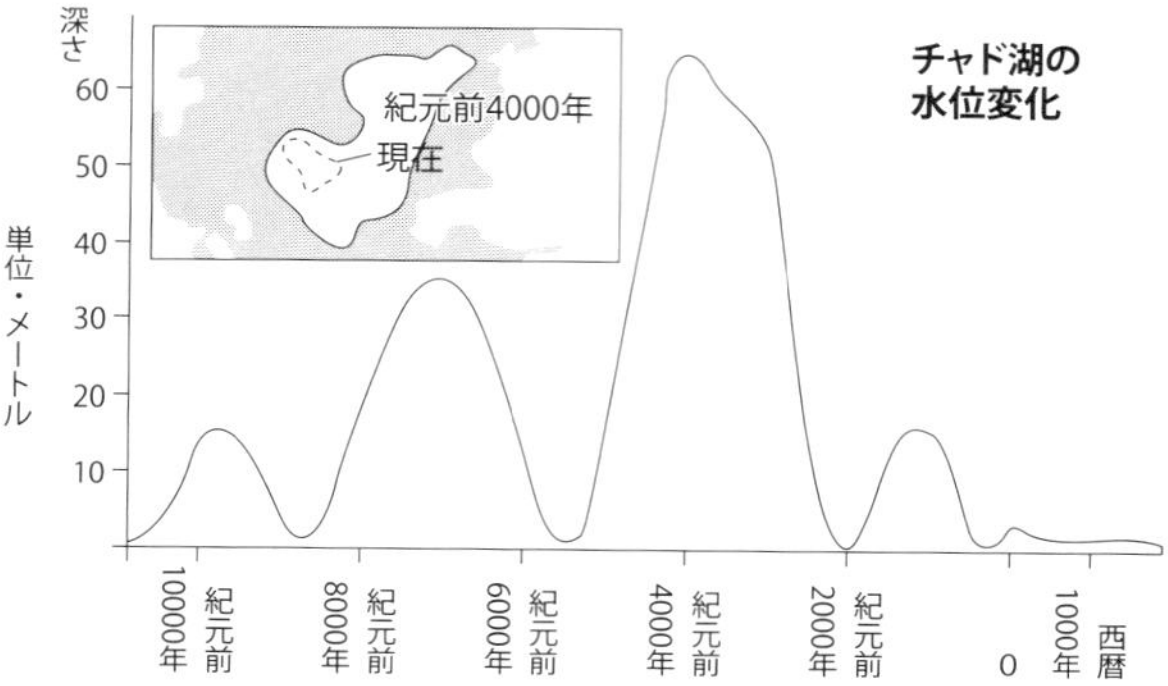
チャド湖の
水位変化
深さ
単位・メートル
60
50
40
30
20
10
紀元前4000年
現在
紀元前10000年
紀元前8000年
紀元前6000年
紀元前4000年
紀元前2000年
0
西暦1000年

図 1

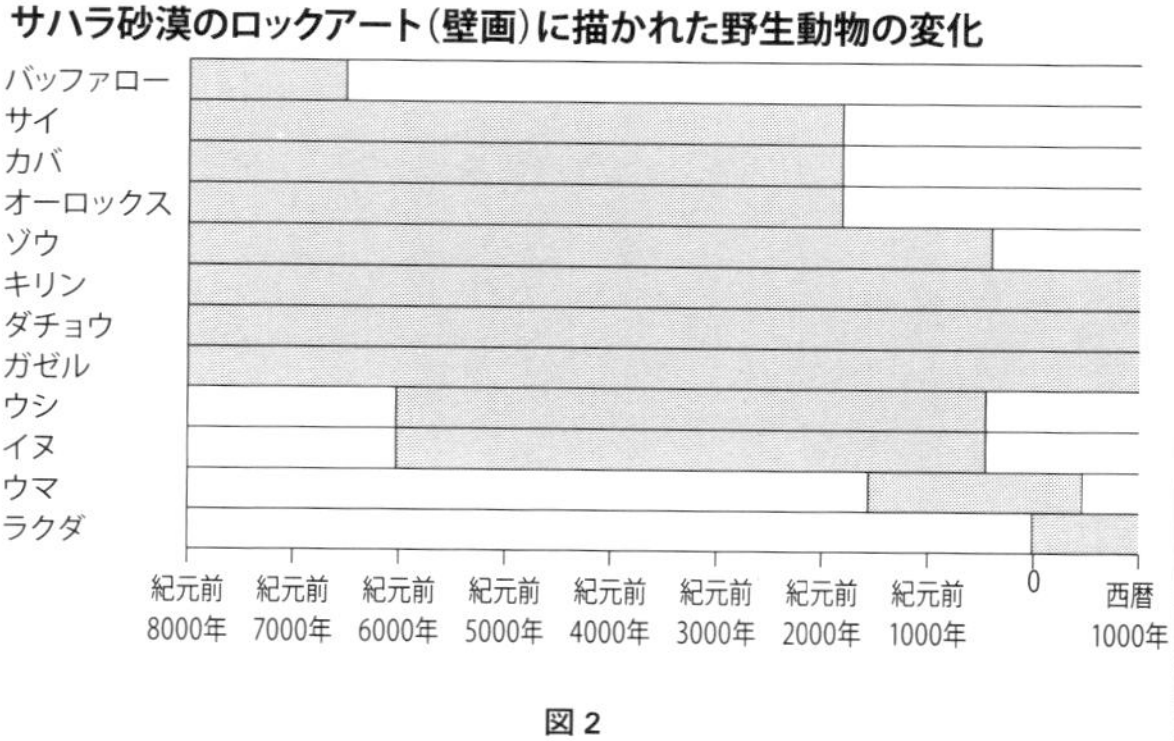
サハラ砂漠のロックアート（壁画）に描かれた野生動物の変化
バッファロー
サイ
カバ
オーロックス
ゾウ
キリン
ダチョウ
ガゼル
ウシ
イヌ
ウマ
ラクダ
紀元前8000年
紀元前7000年
紀元前6000年
紀元前5000年
紀元前4000年
紀元前3000年
紀元前2000年
紀元前1000年
0
西暦1000年

図 2

A　ロックアートに描かれている動物は、それらが描かれたときにこの地域に存在していた。
B　動物を描いた芸術家たちは高い技術をもっていた。
C　動物を描いた芸術家たちは広い範囲を移動することができた。
D　ロックアートに描かれた動物を家畜にしようとする試みはなかった。

問5　この問いに答えるには、図1と図2から得た情報をまとめる必要があります。サハラ砂漠のロックアートからサイ、カバ、オーロックスが姿を消したのは、以下のどの時期ですか。一つ選んでください。
A　最後の氷河時代の始め
B　チャド湖の水位が最高だった期間の中ごろ
C　チャド湖の水位が1000年間以上にわたって低下し続けた後
D　とぎれることのない乾期の始め

（国会教育政策研究所編『生きるための知識と技能2』ぎょうせい、2004年より）

＊

問題の特徴をまとめると、まず問題文には、物語、解説、記録などだけではなく、データを視覚的に表現したもの（図、地図、グラフなど）が含まれています。ここが、従来の国語の読解問題とは大きく異なる点です。

加えて、設問は、単なる「**問題文の中の情報の取り出し**」だけではなく、書かれた情報から推論して意味を理解する「**問題文の解釈**」、書かれた情報を自らの知識や経験に位置づける「**熟考・評価**」の3つの観点が求められるものになっています。

さらに、出題形式は、このような選択式問題のほかに、記述式問題も多く取り入れられており、問題文を単に読むだけでなく、それに基づいて**自分の意見を論じる**ことも求められています（文部科学省「読解力向上に関する指導資料─PISA型調査（読解力）の結果分析と改善の方向」2005年12月より）。

ここから、PISA型読解力の問題には、

与えられたデータなどから情報を取り出し、自分の知識に照らして熟考・評価し、それを論じる

という極めて高度な能力が問われているということがわかります。

つまり、冒頭で述べたことは、日本の生徒のこの能力が、年々低下し続けているということなのです（最近いわれているような、子どもたちが親や先生、友だちとうまくコミュニケーションがとれないという問題の根っこも、おそらくここにあるのではないかと私は思っています）。

ＰＩＳＡ型読解力の低下をめぐっては、いろいろな原因が取りざたされていますが、一つの理由として、学校の国語の授業で「読む力」が過剰に重視され、意見を「書く力」「話す力」がなおざりにされていることがあるのではないでしょうか。

そうだとすると、非常にゆゆしき問題だと思いませんか？

◎論理的に考えることができても、それをうまく表現できなければ意味がない

ここで注目したいのは、先ほどの読解力の定義に、「**論じる**」ということが含まれていることです。論理的に思考する力だけではなく、自分の考えを**論理的に表現する力**も同時に問われているということです。

私は、2008年8月に、『消える学力、消えない学力―算数で一生消えない論理思考力を育てる方法』を上梓しました。

副題にある「論理思考力」は、ひらめきで決まるものではなく、車の運転のようにステップを踏んでいけば、誰でも身につけることができるということについて書きました。

しかし、ある意味、それだけでは十分ではなかったのです。

PISAの結果を考え合わせて、私は**論理的に思考することができても、それを他者にわかるように、アウトプットする（話す、書く）ことができて、はじめて意味があるのではないか、**と考えるに至りました。

実際、ＰＩＳＡ調査トップの常連フィンランドでは、「フィンランド・メソッド」とも呼ばれる、討論や意見の陳述を中心に据えた国語の授業を行っているようです。

この論理的表現力は、一度身につけると、「使える学力」として一生の宝となります。お子さんが社会に出たあとも、ビジネスや日常生活で起こった問題を解決するだけでなく、人間関係を円滑にするのに、抜群の威力を発揮してくれるのですから。

それに引き換え、受験のためだけに身につけた小手先の技術的読解力は「使えない学力」です。そのことは、国語の偏差値が高い人でも、社会に出てから人間関係で悩んでいるのを見れば明らかです。

そこで、今回、前著の続き、というよりは、前著とセットという意味合いを込めて、お子さんが将来、人間関係やコミュニケーションで悩むことがないようにするためにも、自分の考えを「論理的に表現する力」を育てる方法について執筆することにしました。

◎国語の勉強のしかた次第で、「論理的表現力」が身につく

というわけで、この本では、お子さんが国語を学びながら、「論理的表現力」を身につける方法についてお話ししていきます。

ところで、先ほどから何度も出てきている「論理的表現力」とは、いったいどういうものなのでしょうか。

私は、ＰＩＳＡ型読解力の定義をふまえて、

① 十分な語彙を持ち、
② 目の前の事柄を思考・判断して、
③ 自分の考えを筋道立てて表現する主観的な能力

だと考えています。

具体的にお話ししましょう。

まず、**「①十分な語彙を持つ」**は、あらためていうまでもなく、思考、表現以前に必要となるものです。パソコンでいうと、ＯＳのようなものです。加えていえば、「知識と経験」（日常生活における経験だけでなく、地理・歴史・公民・生物・化学・物理などの知識も含みます）に裏打ちされた、語感を伴った語彙力が必要になります。

次に、**「②思考・判断する」**には、目の前の事柄の違いを見つける「比較する力」、共通項を見つける「分類する力」、特徴を見つける「分析する力」、批判的に考え「評価する力」、状況を判断して「選択する力」、原因から結果を見通す「推論する力」、話の筋道が通るように「構想する力」、の７つのスキルが含まれます。

そして、**「③筋道立てて表現する」**には、まず相手を理解するという前提のほかに、接続詞の正しい使い方、５Ｗ１Ｈ、話す順番など、アウトプット（話す、書くなど、自分の意見を他者にわかる形で表すこと）する技術が含まれます。

そこで、本書は、この3つのポイントごとの3部構成としました。

まず、第1章「**言葉を持つ**」では、論理的思考・表現の大前提となる「語彙力」を習得する方法について説明します。

第2章「**思考・判断する**」では、論理的に考えるときに必要となる7つのスキルについて、養成方法を含めて紹介します。

そして、本書の核心である第3章「**論理的に話す・書く**」では、論理的展開の要である接続詞の用法を中心に、学校では後回しにされがちな「話す・書く技術」について説明していきます。

お子さんが、将来社会人になってからも使える「論理的表現力」を身につけ、それによって親子のコミュニケーションも深まることに、本書が少しでもお役に立てば幸いです。

使える学力　使えない学力
国語で一生使える論理的表現力を育てる方法　目次

第2章

思考・判断する

◎論理的に考えるための7つのスキル

第3章

論理的に話す・書く

第1章

言葉を持つ

論理的表現をするための3つのステップ

「はじめに」でもお話ししましたが、私は、この本のテーマである「論理的表現力」を、

①　十分な語彙を持ち、
②　目の前の事柄を思考・判断して、
③　自分の考えを筋道立てて話す（書く）

の3つのスキルに分けて定義しています。

第1章では、このうちの①の能力をどのように身につければいいのかについて、ご提案していきます。

1 「語感」を身につける

論理的表現の第１ステップは、**知識としての言葉を多く持つ**ことです。

言葉は、思考・表現する際の道具になります。言葉を持たないで思考・表現をしようとするのは、道具を何も持たずに家を建てようとするようなものです。

みなさんも、英語を勉強するときに、まず英単語を覚えてから、文法、長文読解、リスニングなどの各論に進んだと思いますが、それと同じことです。

ではじめに、子どもたちは、言葉をどのようにして身につけるかについて、少しお話ししておきましょう。

「語感」とは?

◎言葉だけを覚えても、血肉にはならない

子どもは、自分の体で経験したことを知識として覚えていきます。

たとえば、マスクメロンを見れば、それを映像として頭の中に格納します。メロンを触ったときのザラザラとした感触、切ってかいだときの匂いも情報として格納されます。そして、それを食べれば味も情報として格納されます。

このように、五感を通じて得た情報は、すべて知識として蓄積されていきます(10歳ぐらいまでは、子どもどうしで遊ばせていろいろな経験を積ませたほうがいいというのは、こういう理由もあるのです)。

また、心に感じた喜怒哀楽や悩み、葛藤も同じように経験として蓄積していきます。た

とえば、かわいがっていた小鳥が死んで悲しいと思う気持ちは、そのときの情景とともに格納されます。

さらに、事柄の原因と結果についても、頭で結びつけて因果関係として格納されます。たとえば、雨が降ったら、傘を開いて使うといったようなことです。これが徐々に基本論理となっていきます。


以上のことを覚えるといっても、必ずしも言葉として頭の中にインプットされるわけではありません。まだ言葉を覚えていない子でも、メロンの匂いをかげばメロンの映像を想起します。かわいがっていた小鳥の写真を見ると、小鳥が死んだときの悲しみがこみあげてくるでしょう。

つまり、子どもは、言葉を習得する前に、知識、感情、論理をすでに頭の中にインプットしているのです。逆にいえば、先に身につけた知識、感情、論理を表現する一つの方法として、言葉をあとで習得するということです。

音声や文字は、単なる記号でしかありません。その記号に自分の持つ感覚が結びついたときはじめて、本当の意味で「言葉」を習得したといえます。

その感覚こそが、**「語感」**なのです。

◎言葉で説明できないことを補うのが語感

このように考えると、体で感じ、心で思い、頭で考えたことが頭の中にインプットされていなければ、音声や文字である言葉に意味を吹き込むことはできません。

ですから、新しい「言葉」の意味を覚えたとしても、その語感が伴っていなければ、「言葉」として習得したとはいえないのです。


では、語感とは具体的にどういうものなのでしょうか。

たとえば、「かわいい」「かわいらしい」「愛らしい」「愛くるしい」「可憐だ」「しおらしい」という形容詞の意味の違いについて考えてみましょう。

かわいい　　＝小さくて、愛らしい
かわいらしい＝いかにもかわいく見える

愛らしい　＝かわいらしい
愛くるしい　＝たいへんかわいらしい
可憐だ　＝あどけなく、かわいらしいようす
しおらしい　＝おとなしくてかわいい

これらの形容詞の意味を、言葉だけで教えるとなると、右のような表現にならざるをえません。このような表現だけでは、区別がつきませんよね？　その納得のいかないところを補完しているのが、いわゆる「語感」です。

このように、辞書の意味としては同じようでも、文脈のなかでは適切な言葉というものがあります。適切な言葉が何かを瞬間的に判断するためには、この語感をしっかりと身につけなければなりません。

最近流行の幼児教育では、たとえば、「竹の子が（　　　　　）のびる」の問題のカッコのなかに、「ぐんぐん」などの言葉を入れさせるといった問題をやらせています。しかし、言葉を言葉で説明できたとしても、語感が伴っていなければ、実際の読解にも表現にも十

分には使えません。せいぜい、カッコ穴埋め問題ができるようになるだけです。

そのような教育を受けた子は、中学・高校生になっても言葉を言葉の置き換えで理解しようとします。それでもテスト対策にはなりますが、将来、自分の思いや考えを論理的に表現しようとするときに、語感が伴っていなければ、適切な言葉を選ぶことができなくなってしまうのです。

◎語感を身につけるには？

この語感を身につけさせるには、**体験と言葉を結びつけてやる**ことが必要です。

たとえば、酢を飲ませたときに「すっぱいね」と語りかけ、夏の晴れた早朝に子どもと一緒に朝日を仰ぎながら「すがすがしいね」と背伸びをしてつぶやいてみる、などです。

先ほどのような「竹の子が（　　　）のびる」という問題で、「ぐんぐん」が入ることを教えたところで、「ぐんぐん」が持つ語感が身につくことはないでしょう。

つまり、実際に竹の子を毎日観察し、目に見える成長に驚いたときに「ぐんぐん」という言葉を教えれば、語感を伴った言葉を習得できるのです。

もう一つ提案したいのが、方言が持つ語感を重視することです（方言の場合、音声だけでなくイントネーションも含んでいます）。

方言が重要だというのは、より限定された地域伝統文化や習俗、習慣といった共通認識があるので、より細かい表現ができるからです。それは、人間関係を円滑にする心情表現においては、特に有効に働くと思われます。

近年、方言が消えつつあるということがいわれていますが、そのような観点から、学校教育においても方言を取り入れた指導をしてほしいものです。

まとめ

経験が　意味を吹き込む　言葉なり

2 「語彙力」を身につける

小学6年までに3万語！

ここまで、言葉を覚えるときには、語感もあわせて習得しなければならないとお話ししてきました。

言葉を多く持てば、選択の幅が広がり、より適切で説得力のある表現ができるようになります。


というわけで、次の段階は、**「語彙力」を身につける**ことです。

「単語力とどう違うのか？」という声が聞こえてきます。一般的には、両者は同じ意味として使われていますが、私は、あえて次のように別のものと定義しています。

単語力と語彙力の違い

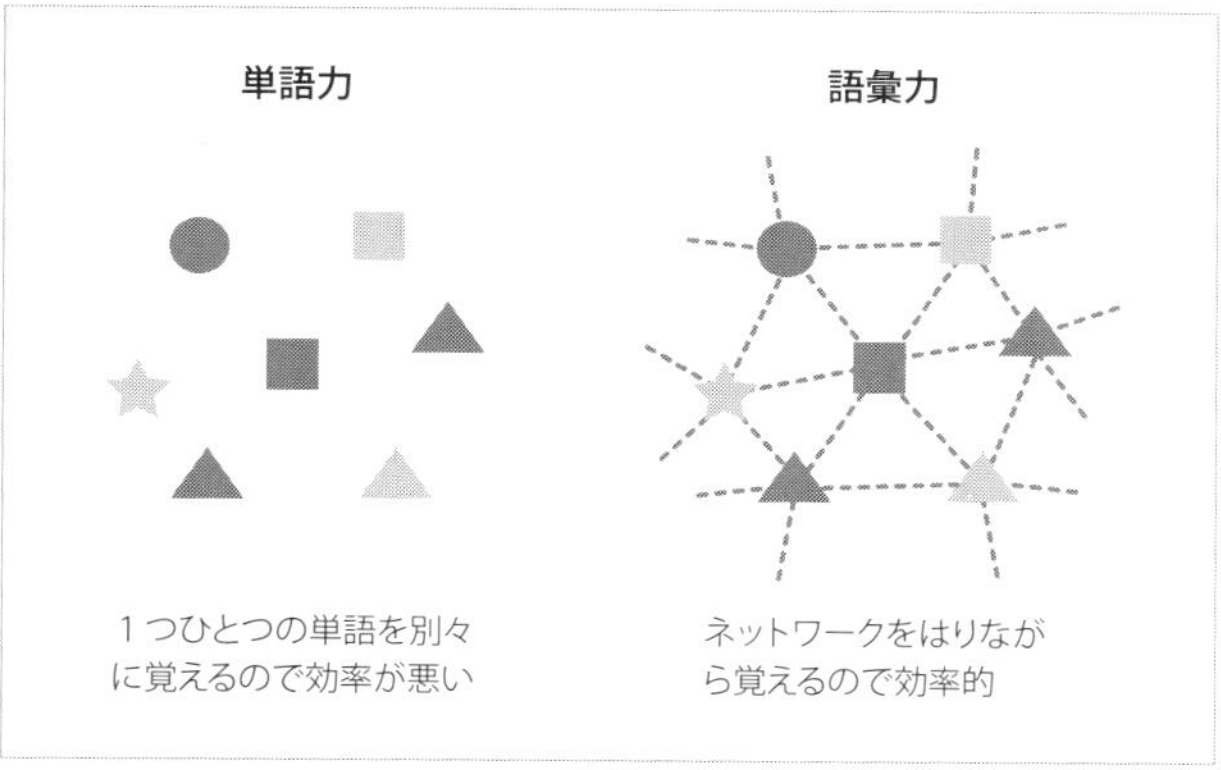

まず「単語力」は、それぞれの単語の意味を、別々に暗記している状態。

それに対して「語彙力」は、その単語と単語を、同意・反対・類似といった何らかの関係で結んだネットワークを持つものと考えています。

みなさんが英語を勉強したときも、たとえばwide（広い）という単語なら、名詞形のwidth（広さ）、反意語のnarrow（狭い）といったように、関連語もあわせると効率的に覚えられたと思いますが、それと同じことです。

たとえば、「足がつく」という言葉にであったときには、「足」のつく慣用句をまとめて覚えさせると効率的です。

足音をしのばせる　足がすくむ　足がつく　足が出る　足がにぶる　足が棒になる
足蹴にする　足手まとい　足に任せる　足の踏み場もない　足もとから鳥が立つ
足もとに火がつく　足もとにも及ばない　足もとを見られる　足を洗う
足を奪われる　……

このように、「足」に関連づけて多くの言葉を暗記しておくと、「足」という言葉を見たときに、一度に多くの情報を呼び出すことができます。

そうすれば、一つの単語をきっかけにいくつもの単語を思い出すことができ、その思い出した単語から、さらに多くの単語を思い出すといった「連想力」が鋭くなっていきます。

◎語彙力が弱いのはなぜ？

しかし、近頃、どうもこの語彙力が弱い子が多いといわれます。たしかに、何を見ても、何を感じても、「すごい！」という言葉でしか表現できない子どもが、みなさんのまわりでも増えていませんか？

子どもの語彙力が落ちている理由の一つは、学校で日本語の単語テストが定期的に行われていないからではないでしょうか。英単語のテストはよく行われているのに、よく考えてみればおかしな話です。

そもそも、学習指導要領に教えるべき漢字は指定されていますが、教えるべき日本語の指定はありません。これが一番の問題点なのかもしれません。現場の先生がたは、学習指導要領に沿って教えざるをえないのですから、教えるべき日本語についても、学習指導要領に指定してほしいと思います。

ところで、親御さんからよく、「小学生の間に身につける語彙数は何語ぐらいが適当なのでしょうか？」という質問をされることがあります。

この点に関しては、十分な資料を持っていませんが、たとえば、『「読む」「書く」「話す」で〝絶対学力〟を伸ばす本』（岸本裕史著、大和出版）には、次のページの表のような調査結果が出ています。

必要な語彙数の目安

成績水準		上位	中上位	中位	中下位	下位
知悉語彙数	小1	7,000	4,000	3,000	2,000	2,000
	小6	37,000	20,000	16,000	12,000	8,000

注：知悉語彙数とは、意味がよくわかっている言葉の数をいいます。

これを見ると、**語彙数の一応の目安として、3万語**が基準になります。くわしくは、今後の研究にまかせるとして、この3万語の「語彙力」を実現するには、次のようなことが必要だと考えます。

① 国語、算数、社会、理科、生活など、それぞれの分野から、日本人として知っておくべき指導単語を3万語選び出し、小学校の6年間に振り分ける。

② 指導単語がすべて学べるような読書指導をする。

③ 教科書や参考書に、本で使われている単語の一覧表をつける。

④ 読書だけでは身につかない未体験の単語については、個別に体験させながら語感を習得させる。

⑤ 表現指導では、まず単語ごとの短文を話させたり書かせたりする。次に、指定単語を2つ、3つと増やしながら作文指

導する。

⑥　手紙、日記、生活文、記録文、説明文、物語、論説文などを書かせて、指定単語をすべて自由自在に使いこなせるようにさせる。

①〜③までは、国レベルの話ですが、④以降については、家庭や学校でも十分実践可能なことだと思います。

３万語と一口で言ってしまうと、極端に多いように感じられるかもしれませんが、子どもの知識吸収力には計り知れないものがあります（大人でも、実は大脳全体の数％の部分しか使われていないという話を聞いたことがありませんか？）。

これからの時代、より高度な知識が必要となるのですから、まずは、子どもたちの語彙力の基礎をしっかりと固めることが必要なのではないでしょうか。

語彙力強化には、やっぱり国語辞典！

◎文章のジャンルによって、辞典の使い方を変える

先ほど、「語彙力」を、言葉の意味を知っているという単語力とは異なり、「単語と単語を結んだネットワークを持つもの」と定義しました。

では、単語を結ぶネットワークをつくる「語彙力」を強化するには、どうすればよいのでしょうか。

それにはやはり、**国語辞典を大いに活用する**ことです。

国語辞典には、言葉の意味だけでなく例文もあるので、例文を読めば、その言葉と結びつきやすい言葉が自然と身につきます。

また、同意語、反対語、類似語、熟語などの情報も載っているので、これらによっても、自然に単語と単語が結びついていきます。

ところで、子どもに読ませる文章のジャンルによって、国語辞典の使い方を変えなければならないということはご存じでしたか？

たとえば、次の点に気をつける必要があります。

①　説明文

わからない言葉が出てきたら、そのつど調べさせなければなりません。そうしないと、話の筋がすぐわからなくなり、表面だけを追う読み方になってしまうからです。

②　論説文

①と同じように、辞典を引かせないと、論がつながらなくなってしまいますので、そのつど必ず調べさせなければなりません。

反対語、対照語、類似語などがある場合には、その意味も同時に調べさせるのがよいでしょう。というのは、論説文は一つの考え方を主張するとき、反対説、折衷説などいろいろな考え方を紹介している場合があるからです。

そのような考え方は、反対語や類似語によって表現できるので、別の視点を持って論説文を批判的に読むこともできるようになります。

③　物語・小説

①②とは違って、できるだけ国語辞典を使わせないほうがいいでしょう。

そもそも、物語や小説を読み解くための「知識と経験」は、ほとんど日常生活のなかで身につけているものです。そして、わからない言葉も、前後の文脈から推理すればわかるものです。そのときの試行錯誤が、「推理力」を養うことにもなります。

たとえば、わからない言葉の前後の文を5回読み返してもわからないときにだけ国語辞典を使いなさい、という指示は出してもいいでしょう。

◎ちょっと変わった国語辞典の使い方

ここまでは国語辞典の一般的な使い方ですが、「語彙力」を強化するためのちょっと変わった使い方を提案しましょう。

①　人名事典をつくる

国語辞典から人名だけを抜き出して「人名事典」をつくってみることです。

小学校の歴史に登場する重要人物は、国語辞典にすべて含まれているはずです。それがきっかけで、歴史好きになった塾の生徒もいたほどです。

同じように、植物の名前を集めて「植物事典」、動物の名前を集めて「動物事典」、星座の名前を集めて「星座事典」など、子どもが興味を持ったものからどんどん事典をつくっていきます。そうすることによって、論理的思考の一つである「分類力」が養われます。

②　反対語、類似語を網羅した単語集をつくる

すでに紹介した「反対語」「類似語」のほか、「同音異義語」「同訓異字語」などを集めて、単語集をつくることです。そうすると、類似、反対などの概念が明確になると同時に、論理的思考に必要な「発想の転換」ができるようになります。

③　語感に関する言葉の単語集をつくる

「視覚」「聴覚」「嗅覚」「味覚」「触覚」の五感に関する形容詞を集めて、単語集をつくる

ことです。そうすると、物を比較する視点が身につくと同時に、「比較力」が養われてきます。

このように、国語辞典をもとに百科事典をつくれますし、さらに工夫すれば、国語辞典を活用してゲームをしたり、クイズを出したりして楽しみながら、「語彙力」を強化することもできます。

ただ、「語彙力」を強化すると同時に「単語力」を強化する必要があることはいうまでもありません。その「単語力」を強化する方法としてお勧めの方法があります。

それは、子どもたちの知らない言葉を言って、誰が辞典の中からその言葉を早く見つけられるかという「早引き競争」です。特に、低学年では、**辞典になじませる**という点からもお勧めのゲームです。

こうして、子どもと一緒に楽しく国語辞典を活用すれば、論理的表現力に必要な単語力、語彙力を、自然に身につけさせることができます。

ちなみに、ウェブ上で、自分が知っている単語をクリックすれば、その人が持っている語彙数を推定してくれるサイトがあります。このようなサイトを活用して、ゲーム感覚で語彙数を増やしていくのも楽しいでしょう。

○語彙数推定テスト　http://www.kecl.ntt.co.jp/mtg/goitokusei/goi-test.html

語彙を飛躍的に増やす方法

「それでも、３万語なんて、多すぎる！」という方の不安を解消するために、語彙をどんどん増やしていくことのできる方法をご紹介しましょう。といっても、みなさんよくご存じのものばかりです。

◎その1　不・無・非・未をつける

まず、漢字からなる熟語の語彙を増やす方法です。

熟語はもともと中国語です。ということは、熟語の成り立ちは中国語の文法によっています。そこで、中国語の文法を理解して「語彙力」を一気にアップさせる方法があります。

中国語は英語と同じく、打ち消す言葉である否定語は、原則として打ち消す語の前につきます。その否定語には、「不」「無」「非」「未」などがあります。これらの語がつくと、否定の意味の言葉になります。

たとえば、次のように使います。

①「不」＋ 動詞（形容詞・助動詞など）↓ 動作、状態の否定

たとえば、「できる」は中国語では「可」で表します。そして、「可」は助動詞なので、これを打ち消す場合は、「不」を「可」の前につけて「不可」とします。これで、英語でいう can not ができたので、そのあと「欠ける」という動詞を置くと、「不可欠」となり、「欠くことのできない」という意味になります。

例…不快、不穏、不覚、不安定、不案内、不衛生、不可解、不確実、不可思議、不可分、不完全など

②「無」＋名詞　↓　物の存在や所有の否定
たとえば、蛇固無足（日本語読み「蛇固《へびもと》より足無《あしな》し」、意味「蛇はもともと足がない」）。このように、「足」の上に「無」をつけると、「足の存在」を否定することになります。

例…無意識、無一物、無一文、無意味、無関心、無期限、無医村など

③「非」＋名詞　↓　事実の否定
たとえば、富貴非吾願（日本語読み「富貴《ふうき》はわが願《ねが》いに非《あら》ず」、意味「富貴であることは私の願いではない」）。ここでは、「吾願」の上に「非」をつけて、「吾願」を打ち消しています。

例…非凡、非力、非公開、非公式、非合法、非常口、非常時、非常識、非売品など

④「未」＋ 名詞・動詞など ↓ 事実や過程の強い否定

この一字だけで、副詞的な意味と助動詞的な意味を兼ね備えています。日本語読みするときには、最初に「いまだ」と副詞で読み、最後にもう一度「ず」と助動詞で読みます。このように2回読む文字はほかにもありますが、それらをまとめて「再読文字」と呼んでいます。

たとえば、聞所未聞、見所未見（日本語読み「未《いま》だ聞《き》かざる所《ところ》を聞《き》き、未《いま》だ見《み》ざる所《ところ》を見《み》る」、意味「まだ聞かないことを聞き、まだ見ないことを見る」）。

ここでは「聞いたという事実」と「見たという事実」を強く打ち消す語として「未」を使っています。

例…未満、未納、未定、未解決、未開拓、未開地、未完成、未成年など

これまで見たように、一つの法則を知ることによって、言葉の意味が理解しやすくなるだけでなく、その法則に基づいた単語と単語がネットワークで結ばれ、「語彙」も豊かになります。このことが、論理的表現力の豊かさにもつながっていきます。

◎その2　的・化・然・性をつける

その1では、語や熟語の前に否定語をつけて「語彙」を増やす方法について説明しましたが、ここでは逆に、語や熟語の下に「的」「化」「然」「性」をつけて語彙を増やす方法について説明します。

①名詞　＋「的」→「…のような」「…の性質をおびた」「…の状態である」の意味をつけ加える

例…公的、私的、知的、美的、病的、詩的、論理的、具体的、現実的、楽天的など

②動詞・形容詞など　＋「化」→「姿を変えて元と違った形になる」「(人格や教育によって)接する人の心や生活ぶりを変える」などの意味をつけ加える

例…浄化、退化、変化、消化、帰化、悪化、強化、軟化、硬化、感化など

③　形容詞など　＋「然」→「…のような」といった様子を表す

たとえば「学者然」は、学者のように見えるという様子を表す言葉になります。

例：公然、自然、騒然、断然、当然、同然、漠然、平然など

④　名詞など　＋「性」→　物事が持っている特徴を表す

「物性」であれば、丸いとか赤いといった外形ではなく、その物が内に持っている性質を表します。

例：男性、異性、急性、習性、中性、天性、同性、特性、品性、慢性、野性など

このように、語や熟語の下に特別な語をつけて「語彙」を増やすこともできます。

ほかにどんな語があるか、国語辞典を使って探させてもいいでしょう。

◎その3　反対語・対照語・同類語を探す

次は、単語と単語の関係をイメージしてネットワークを広げる方法です。

31ページにも出てきましたが、単語と単語の関係が、反対の意味になる場合があります。

これらの単語をいっしょに暗記しておくと、思い出すときに一緒に出てくるものです。

そうすると、物事を一つの視点だけではなく、逆の視点から見ることもできるので、思考の柔軟性を増すことにもなります。論理的表現においても大いに役立つでしょう。

①反対の意味を持つ語からなる熟語

例：陰陽、有無、遠近、開閉、可否、寒暖、強弱、苦楽など

②反対語の組み合わせ

例：善意⇕悪意、高価⇕安価、安全⇕危険、以上⇕以下、延長⇕短縮など

③対照語（論理的反対というよりは、感覚的に反対に向かいあった語）の組み合わせ

例：東西↕南北、暖流↕寒流、夏至↕冬至、男性↕女性、益虫↕害虫など

④同類語の組み合わせ

例：意外＝案外、永遠＝永久、勤勉＝努力、改良＝改善、苦言＝忠言など

これらの組み合わせは、これ以外にもたくさんありますので、お子さんと一緒に探してみるといいでしょう。語彙力のいいトレーニングになります。

まとめ

意味つなぐ　ネットワークが　語彙力だ

3 「表現力」を豊かにする

さて、いよいよ第1段階の最後は、**「表現力」を豊かにする**ことです。

私たちが、文を理解する過程について考えてみましょう。

文は文字から成り立っています。それが、英語であればアルファベットですし、日本語であれば平仮名、カタカナ、ローマ字、漢字ということになります。これらの文字を意味に変換するためには、あらかじめ文字と意味をリンクさせて単語として暗記しておかなければ、文字を見ても意味を思い出すことはできません。

ですから、繰り返しになりますが、読解のためにまず必要な能力は、「単語力」ということになります。その単語力と基本文法を使って文の意味を理解していくことを、私は**「第1次意味変換」**といっています。

文章のほとんどは、その第1次意味変換だけで理解していくことができますが、そのまま意味変換しただけでは、真の意味がくみ取れない場合があります。つまり、慣用句、ことわざ、故事成語などが使われている場合です。

このような場合には、文字どおりに変換した意味をさらに変換しなければ、真の意味に到達することはできません。

隠喩《いんゆ》の場合もそうです。隠喩《いんゆ》は、「たとえば」「あたかも」「さながら」「如し」「似たり」などの語を用いる直喩《ちょくゆ》とは異なり、間接的なたとえをつかう比喩《ひゆ》です。

これらの表現は、第1次意味変換をしたあと、さらに意味変換をしないと、真の意味を理解することはできません。私は、これを「**第2次意味変換**」といっています。

この能力があれば、冗談や皮肉など、いわゆる文字どおりではない裏の意味がわかる人になります。逆に、第2次意味変換能力が弱く状況判断ができない人どうしでは、真意が伝わらないため、トラブルが多く起きるものです。そうならないためにも、この能力をしっかり身につけさせなければなりません。

その第一歩が、「慣用句」を使いこなせるようにすることです。

慣用句

慣用句は、２つ以上の言葉が結びついて、元の意味をはなれ、違った意味で使いならわされてきた言葉です。

慣用句の意味は、たとえの表現が多いので、その言葉の表す様子やしぐさなどから意味を広げ、推測する必要があります。

また、慣用句を教える場合は、単にその意味を教えるだけでなく、それを含んだ例文を暗記させるなどして、その意味を感覚的に身につけさせるといいでしょう。

たとえば、「手」を含んだ慣用句だけでも、次にあげるようにたいへん多くあります。

手が上がる　手が空く　手が後ろに回る　手がかかる　手が込む　手かせ足かせ

手がつけられない　手が出ない　手が届く　手がない　手が伸びる　手が入る
手が離れる　手がふさがる　手が回らない　手が焼ける　手塩にかける
手玉にとる　手取り足取り　手に汗を握る　手に余る　手に入れる　手に負えない
手に落ちる　手にかかる　手にかける　手にする　手につかない　手に手をとって
手に取るように　手に乗る　手に入る　手に渡る　手の下しようがない
手八丁口八丁　手も足も出ない　手もなく　手をあげる　手を合わせる
手を入れる　手を打つ　手を替え品を替え　手をかける　手を貸す　手を借りる
手を切る　手を下す　手をこまねく　手を差し伸べる　手を染める　手を出す
手を尽くす　手をつける　手を取る　手を握る　手を抜く　手を濡らさず
手を伸ばす　手を離す　手を引く　手を広げる　手を回す　手を結ぶ　手を焼く
手を休める　……

ほかにもたくさんあります。
どうでしょうか。意味がちょっと不安なものがありましたら、お子さんといっしょにぜひ国語辞典を引いてみてください。

これらの表現を身につけさせるには、慣用句を使った例文をつくらせるとよいでしょう。さらに日常生活のなかでも意識して使ってみると、容易に覚えていくものです。まず、大人の会話のなかで慣用句を使ってみて、興味を持たせるのが近道です。

ことわざ

「ことわざ」は、昔から言いならわされ、教えやいましめなど人生の教訓が含まれている短い言葉や文です。

その「ことわざ」が、近頃、子どもたちの日常会話の中で使われなくなってきているようです。それどころか、大人の会話の中にも「ことわざ」が少なくなってきているように思われます。

これは、核家族化が進み、世代間の会話が少なくなり、本来受け継ぐべき言語文化が伝承されていないからなのかもしれません。「ことわざ」だけでなく、本来、受け継ぐべき倫理規範も伝承されていないとしたら、これは放置できない問題です。

やはり、人として守らなければならない普遍的な正邪の判断基準などの倫理道徳は、学校で教師が教えるだけでなく、子どもたちの周囲の大人が、日常生活でその機会をとらえて、言葉とともに伝えていくべきものなのではないでしょうか。

その手段の一つとして、「ことわざ」が生まれたのだとしたら、なおさら心して伝えなければならないものです。

たとえば、「情けは人のためならず」「人のふり見て我がふり直せ」「人は一代、名は末代」などのことわざを、周りの大人がタイミングよく使ってやれば、子どもの人格形成にもよい影響を与えることができるでしょう。

故事成語

昔、何かのいわれ（故事）があって、そのことがもとになって広く使われるようになった言葉を「故事成語」といいます。

ですから、故事成語を教えるときは、その意味だけでなく、由来の物語も一緒に教えると、子どもはおもしろがって覚えるでしょう。

故事成語はすべて熟語からなり、もとになっているのは中国での出来事です。その例をいくつか紹介します。

矛盾《むじゅん》　…　物事の前と後とが合わないこと。つじつまが合わないこと。

例文　…　「きみの話は矛盾だらけだ」

いわれ（故事）…

矛《ほこ》（両刃の剣を棒の先につけた、やりのような武器）と盾《たて》（いくさのとき、敵陣から飛んでくる矢などを防ぐ道具）を売る人がいて、矛を売るときはどんな盾でも破る矛だといい、盾を売るときには、どんな矛でも防ぐ盾だといったので、「では、その矛で盾を突いたらどうなるのか」と聞かれて返事に困ったという、中国の古い話からきたもの。

●推敲《すいこう》…文章に何度も手を加えて練り直し、いいものにすること。

例文…「詩を推敲する」

いわれ（故事）…

中国の唐の時代の詩人、賈島《かとう》が「僧は推す月下の門」という句をつくり、「推《お》す」を「敲《たた》く」に改めたほうがよいかどうか何度も考えたという話からきたもの。

このように、いわれを知ってその意味を覚えると、その故事成語の語感も習得され、より適切に故事成語を使うことができるようになります。これによって、表現力がさらに豊かになるでしょう。

まとめ

表現を　豊かにするは　慣用句

第2章

思考・判断する

第1章では、「言葉を持つ」というテーマで、論理的思考・表現の大前提となる「語彙力」を習得する方法を中心に説明しました。

次の段階は、その語彙を使って思考をめぐらし、考えを深めるステージです。

目の前の物事や与えられたデータからどのような情報を取り出し、どのように思考・判断すればいいのか、そして、その能力を身につけるには、どのようなトレーニングをすればいいのかについて説明していきます。

◎論理的に考えるための7つのスキル

論理的思考には、大きく分けて、

ステップ1　目の前の現象から必要な情報を取り出す
ステップ2　1から得た情報を評価する
ステップ3　自分の考えの論理を構築する

という大きな3つの流れがあります。

論理的思考7つのスキル

細かく分けると、ステップ1は、

1　違いを見つける　―比較する力―

2　共通項を見つける　―分類する力―

3　特徴を見つける　―分析する力―

ステップ2は、

4　批判的に考える　―評価する力―

5　判断して絞り込む　―選択する力―

ステップ3は、

6　見通しをつける　―推論する力―

7　考えに筋道をつけてまとめる　―構想する力―

という7つの基本的な力に分けられます（番号が大きくなるにつれて、高度になっていきます）。

「はじめに」でも取り上げたPISA型読解力試験で求められているのは、この7つの力といっていいでしょう。

ところで、最近設置が相次いでいる公立中高一貫校（2007年には257校と、01年の51校の約5倍になりました）の入試（適性検査）の問題を見てみると、この章で扱う論理的思考力を問うものが非常に多いということに気がつかれると思います。

そこで、実際の適性検査で出された問題を引きながら、この7つの力の養成方法について、くわしくお話ししていきます。

1 違いを見つける　―比較する力―

◎比較する力とは？

まず１つめは、目の前の物事、現象を別のものと比べてみて、違いに気づく力です。「比べる」ということは、だいたいの場合、２つか３つのものを並べて違いを見ることですが、ここで重要なのが、**「何についての違いを見るのか」**ということです。そこがはっきりしていない子がいます。

たとえば、算数では、単位の異なるものを比べることはできません。単位が異なると、たし算も引き算もできないということです。ですから、15g − 10g ＝ 5g とか、8cm ＋ 3cm ＝ 11cm というように、単位をそろえて計算します。

違いを見つける「比較する力」

一見同じように見えても、色は？　大きさは？　形は？

また、１００ｍを20秒で走ったときの速さを求める式では、100m ÷ 20 秒 = 5m/ 秒という式になり、速さを表す単位をｍと秒を使って表現することによって等号が成り立ちます。

ところが、ほとんどの問題集の解答を見ても、最初の式にすら単位がついていません。これでは、答えとしての数字しか出てこないので、解答記入のときに単位を間違う子が意外と多いのもうなずけます（さらに驚くことに、最近では、5g = 5cm と平気で書く子すらいるのです）。

そのような子を生み出さないためにも、算数は、単位概念をしっかりと身につけさせ、単位のついた式を用いて思考を省かないで指導しなければならないと、前著『消える学力、消えない学力』で述べましたが、同じことが国語でも起こっているようです。

◎この問題、どう教えますか？

この比較する力を最も手っとり早く、かつ楽しんで身につけさせられるのが、「**間違い探し**」です。一般によく売られている、子ども向けのもので十分です。

たとえば、次のページのようなものがあります。

このような問題をやらせると、とにかく規則性もなく視線を右往左往させている子がいます。そのような子は、間違い探しの数をこなしても上達はしません。

お子さんがこのような状態に陥っているようでしたら、はじめに**比較する手順を教える**のです。

おたんじょうび
おめでとう!

おたんじょうび
おめでとう!

まず、特定のものに着目させ、あるかないかを比べさせます。たとえば、一方に木があって、もう一方に木がなければ、はっきりと違いを確かめることができます。

このようにアドバイスをしても、まだ視線を右往左往させて比べる子がいます。子どもが一つの絵を見て、一時的に記憶できる情報量には限界があるからです。

そこで、絵を4等分や8等分にして、対応する区分を一つずつ比べさせると　どのような子でも違いを見つけることができます。

次に、形の違いを比べさせます。そのときも、人物、人がつくったもの、自然といったグループごとに比べて間違い探しをさせます。

さらに、人であれば、姿勢、表情、持っているもの、着ているもの、身につけているものといったように、さまざまな視点から比べさせます。

このようなアドバイスをすると、それまですぐあきらめていた子も、その手順どおりに一とおり比べ終わるまでは、あきらめずに間違いを探し続けることができます。

手順を教えないでおいて、子どもを集中力がないとか、すぐあきらめると評価する人がいますが、とんでもないことです。そのような子は、決して「あきらめた」わけでもなく、「やる気」がないわけでもありません。一度に多量の情報を処理しようとして、いわゆるワーキングメモリーの容量を超えてしまい、「思考停止」になってしまっただけなのです。

◎比較する力をつけるには？

比較する力を養成するには、算数の単位と同様、**「比較する基準」を教える**ことです。

国語にも、算数の単位にもひけをとらない明確な視点があります。

それは、形容詞です。形容詞は、名詞を説明する役割を担っています。ということは、形容詞には、極論すれば、物（名詞）のあらゆる属性についての違いを表現できる言葉がそろっているはずです。

では、物の違いをとらえるのは何でしょうか。それは、「視覚」「聴覚」「嗅覚」「味覚」「触覚」の五感に加えて、「知性」と「心情」です。

① 視覚でとらえた違いを表す形容詞

たとえば、明るさを表す「明るい」「暗い」、長さを表す「長い」「短い」、広さを表す

「広い」「狭い」、量を表す「多い」「少ない」、形を表す「丸い」「四角い」、大きさを表す「大きい」「小さい」、色を表す「赤い」「青い」、高さを表す「高い」「低い」、深さを表す「深い」「浅い」などがあります。

②　聴覚でとらえた違いを表す形容詞

音や声が「高い」「低い」、「大きい」「小さい」、「強い」「弱い」、「美しい」「きたない」、「か細い」「太い」、「騒がしい」「おとなしい」などがあります。

③　嗅覚でとらえた違いを表す形容詞

「よい」「わるい」、「臭い」「香ばしい」「芳しい」「かぐわしい」「生臭い」「焦げ臭い」「きな臭い」「青臭い」「泥臭い」「黴《かび》臭い」などがあります。

④　味覚でとらえた違いを表す形容詞

「甘い」「辛い」「酸っぱい」「苦い」「塩辛い」「甘酸っぱい」「渋い」などがあります。

⑤　触覚でとらえた違いを表す形容詞

「硬い」「柔らかい」、「厚い」「薄い」、「熱い」「冷たい」、「暑い」「寒い」、「ぬるい」「暖かい」「温かい」「生温かい」などがあります。

⑥　知性でとらえる形容詞

「易しい」「難しい」、「新しい」「古い」、「厳しい」「危ない」「あくどい」「しかたない」「しぶとい」などがあります。

⑦　心情でとらえる形容詞

「うれしい」「楽しい」「悲しい」「寂しい」「優しい」「忍びない」「美しい」「うっとうしい」「恥ずかしい」などがあります。

このように、グループ別にして形容詞を暗記しておけば、どの視点で比較するかを決めたときに、それに伴って複数の形容詞がグループとして思い出されるようになります。

この比較する力、すなわち、違いを見つける能力は、社会に出てもあらゆるところで必要とされます。

たとえば、医者が病気を確定していく手順では、データが正常値とどれほど違うか、触診で正常状態とどれほど違うかなど、知識と経験を駆使して病気の原因を絞り込んでいく過程で、つねに比較する作業が必要になります。

みなさんも普段の生活で、地下鉄とＪＲではどちらが目的地に早く着くかとか、安いかなど、さまざまな場面で物事を比較していますよね。

まとめ

比較して　気づいた違い　意味になる

2 共通項を見つける ―分類する力―

◎分類する力とは？

2つめは、目の前の複数の物事を、ある基準に基づいて分類する力です。

分類とは、性質や形などでグループ分けすることです。その分類のしかたとしては、共通なところを見つけて分類（同位概念）する方法と、異なったところを見つけて分類（上位概念・下位概念）する方法があります。

では、問題です。次のものを2つに分類してください。

金魚、大根、人参、イワシ、ハゼ、ピーマン、白菜、サンマ、トマト、キャベツ、ドジョウ、フグ

共通項を見つける「分類する力」

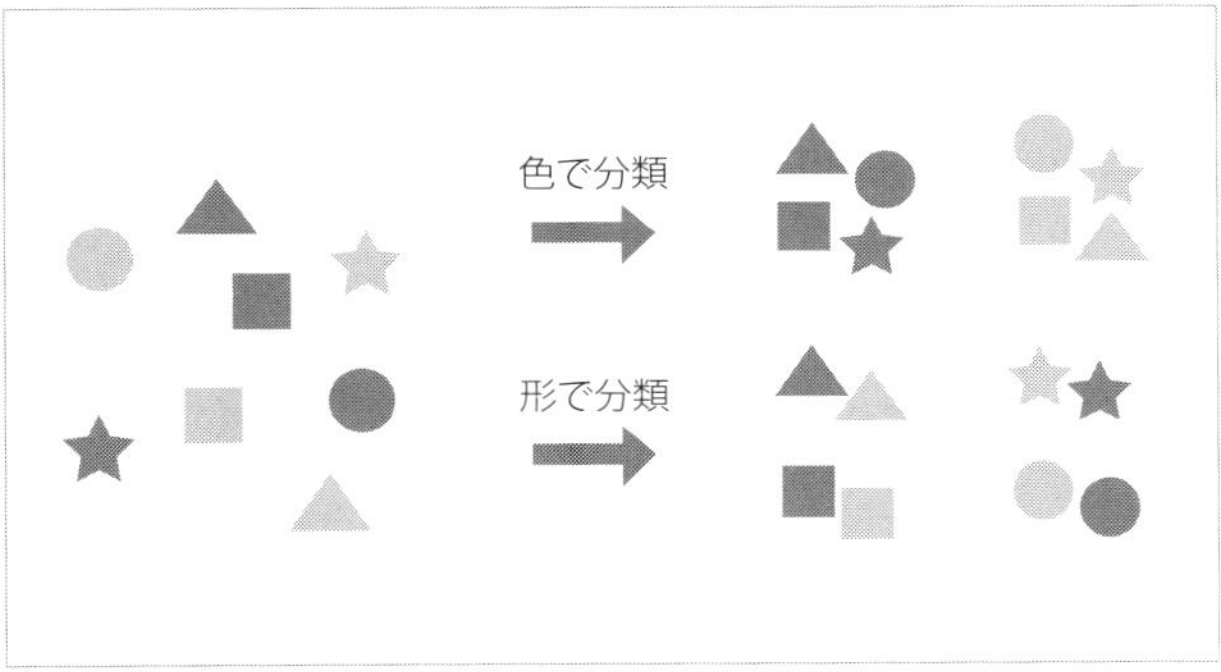

これは、見ただけで分けることができますよね。共通するところが目立っているからです。これが、同位概念による分類です。

- **魚**　…　金魚、イワシ、ハゼ、サンマ、ドジョウ、フグ
- **野菜**　…　大根、人参、ピーマン、白菜、トマト、キャベツ

では、「この魚と野菜をそれぞれ3つに分類してみましょう」ということになると、簡単ではありませんね。今度は、異なったところを探さなければならないからです。

ここでは、魚を、専門的知識によって、川に生

息する淡水魚《たんすい》、海に生息する海水魚、そして川の下流や河口など淡水と塩水が交じり合う汽水域《きすい》に生息する汽水魚に分けます。

- **淡水魚**　…　金魚、ドジョウ
- **海水魚**　…　イワシ、サンマ
- **汽水魚**　…　ハゼ、フグ

同じように野菜も、果実や若い莢《さや》、種子を食べる果菜《かさい》類、葉や茎、花などを食べる葉菜《ようさい》類、そして根だけでなく茎や葉の変形体を食べる根菜《こんさい》類に分けます。

- **果菜類**　…　トマト、ピーマン
- **葉菜類**　…　キャベツ、白菜
- **根菜類**　…　大根、人参

このように、一度分類して同じグループになったものを再度分類すると、階層（上位概念・下位概念）ができていきます。

この2回目からの分類の基準は、日常生活ではなかなか身につかない知識です。専門的知識といってもいいでしょう。

ただ、知識は重要ですが、それに過度にとらわれてしまうことは危険です。知識だけ豊富な人は、問題解決を知識のみで行おうとして行きづまる傾向があります。問題解決には、「経験」が必要な場合が多くあります。

子どもたちの指導も「知識」だけではできません。経験を積んでこそ、だんだんと適切な指導ができるようになるものです。

◎この問題、どう教えますか？

問題

次のものを2つのグループに分けましょう。

りんご、ミルク、オレンジジュース、バナナ、お茶、コーラ、イチゴ、コーヒー、キウイ、スイカ

この問題をさせてみたところ、次のように2つに分けた子がいました。

○　コーヒー、キウイ、スイカ
○　ミルク、オレンジジュース、お茶、コーラ、りんご、バナナ、イチゴ

これを見て、みなさんはどのように教えますか？
「それは、間違いです。果物と飲み物に分けます。りんご、バナナ、イチゴ、キウイ、スイカが果物で、ミルク、オレンジジュース、お茶、コーラ、コーヒーが飲み物です」と教えますか？

だとすると、いいとはいえません。なぜかというと、教育で一番大切なことは、まず**子どもの思考過程を知ること**だからです。間違った解答にこそ、その子特有の思考過程があります。ですから、間違いだと決めつけずに、その子の思考過程を探ることからはじめるのが鉄則です。

そこで、このように答えた子にその理由を聞きました。すると、「嫌いなものと好きなものに分けた」という答えが返ってきました。教育に先入観は禁物です。分類基準は、客観的基準だけではないということも心得ておかなければなりません。

この経験を踏まえて、次のような問題に変えて出題しました。

問題
次の県を、好き嫌いではなく2つに分けましょう。
山梨県、熊本県、岩手県、埼玉県、広島県、奈良県、岐阜県、香川県、千葉県、新潟県

これを、次のように分けた子がいました。
・埼玉県、千葉県、岩手県、山梨県、奈良県
・熊本県、広島県、香川県、岐阜県、新潟県

この場合も、海に面している県と海に面していない県とか、西日本と東日本で分けるといった客観的基準をいきなり教えるのではなく、まずこの子にどのような基準で分けたかを聞くところからはじめます。

すると、「行ったことがある県と行ったことがない県に分けた」という答えが返ってきました。つまり、経験を基準に分けていたのです。

このように、私たちは、好みや実際の経験といった主観的基準による分類を日常的にしているものです。ですから、子どもの基準を尊重しつつも、客観的な基準にはどのようなものがあるか、というところから教えるべきでしょう。

◎分類する力をつけるには？

先ほどお話ししたように、子どもは、客観的基準だけでなく、好みや経験といった主観的基準で分類することがあります。知識や経験を積み、感性を磨けば分類する力が強くなるともいえますが、それだけでは十分ではありません。

実をいうと、分類で一番難しいのは、「比較する力」とも重なってきますが、たくさんある分類基準のなかで、そもそも**どの基準を用いるかを判断する**ことです。

分類基準が決まったあとの分類は、単なる作業にしかすぎません。それは、たとえると、病名がわかったあとに薬を選ぶようなものです。一番難しいのは、病気の原因を突き止めることなのですから。

では、どうすればいいかというと、**汎用的な、よく使う基準をつねに持っておく**ことです。

一番わかりやすいのが、**五感と時系列**です（次の「分析する力」のところで、10の視点としてくわしく述べます）。

たとえば、ある物を分類しようとするとき、五感の視点から、形、色といった視覚情報を基準に分類したり、硬い、柔らかいといった皮膚感覚からの情報を基準に分類したりすることができます。

もう一つの時系列的視点では、その物がどのようにしてできたのかという原因とその後の過程や現状、そしてその物が将来どのように変化するかを予想することになり、分類力を高める視点にもつながります。

まとめ

分類で　連想力が　強くなる

3 特徴を見つける ―分析する力―

◎分析する力とは?

分析という言葉は、化学・物理などの自然科学でもっぱら使われていましたが、その後、歴史・経済・政治などの社会科学でも使われるようになり、現在では、文化を対象とする人文科学においても使われています。

言語文化である国語でも、分析という言葉は使われています。PISA型読解力が注目されるようになってからは、特にその傾向が強くなっています。

国語では、分析という言葉を、「**一つの物や情報を、ある観点から考えて、いくつかの特徴を見つけ出す**」という意味で使っています。

特徴を見つける「分析する力」

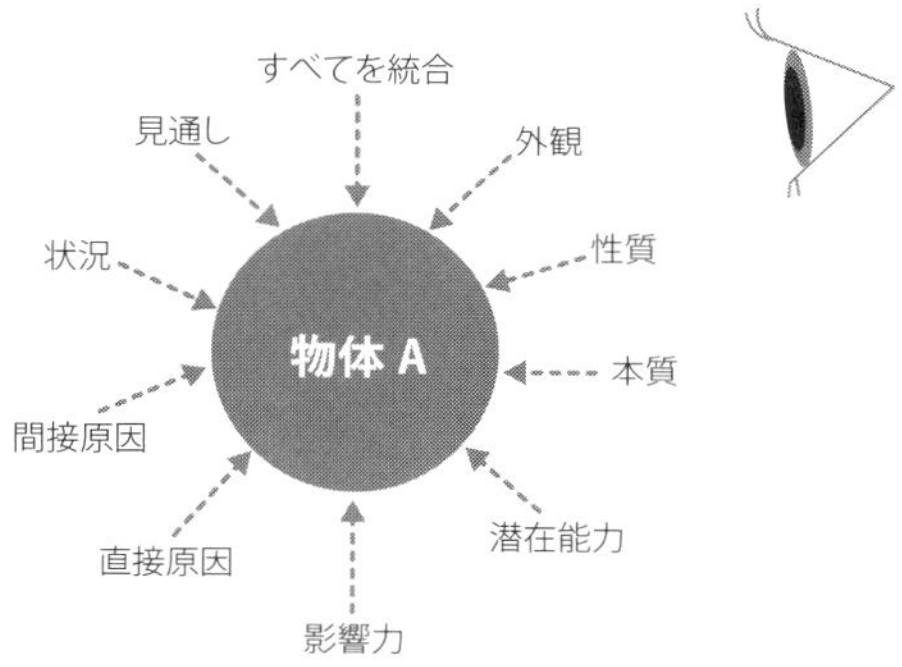

分析のための10の視点

私の経験では、物の見方の視点は次の10とおりあるように思われます。

①　物や人の「外観」（場面）
②　物や人の「性質」
③　物や人の「本質」
④　物や人の「潜在能力」
⑤　物や人の「影響力」
⑥　物や人が、そこに存在する「直接原因」
⑦　物や人が、そこに存在する「間接原因」
⑧　物や人が置かれている「状況」（結果）
⑨　物や人が、現在からどのように変化するかという「見通し」

⑩　①から⑨までの視点を統合する視点

①から⑤までの視点は「空間的視点」ともいうべきもので、⑥から⑨までは「時間的視点」ともいうべきものです。⑩の視点は、「統合的視点」です。「教育」というものについていえば、私は教育者として、それぞれの視点から次のように考えています。

①　物や人の「外観」（場面）

対象を、少し離れたところから五感で感知する視点です。

たとえば、人を、容姿、立ち居振る舞い、言葉遣いなどの点から見ることです（この視点しか持たない人は、外見だけで人を判断します）。

②　物や人の「性質」

物や人に働きかけて生じた反応から性質を見る視点です。

たとえば、ある人がどの言葉にどのように反応したか、問題に直面したときにどのように対応したかということから、性格を見極めようと考えることです。

面接試験は、ペーパーテストでは把握しにくい受験生の性格をこの視点から見極めようとするものです。ただ、この②までの視点しかないと、偏見を持ちやすくなります。

もちろん、親もこの点を自覚していないと、子どもに対して先入観や偏見を持つことにもなりかねません。そうならないためには、性質を見極めるだけでなく、本質を見抜く力を身につけることです。

③　物や人の「本質」

すべての性質の根源（本質）の存在を肯定して考える視点です。

その本質がどのようなものかを解明することではありません。つまり、②の視点で犯す危険性のある先入観を打ち消す考え方ともいえます。

この視点を持てば、親は先入観を持たず、子どもの「可能性」を信じることができます。

④　物や人の「潜在能力」

対象の潜在能力を認める視点です。たとえば、「子どもの可能性は無限だ」という考え方です。

私は、この視点を身につけていたおかげで、聴覚障害の子が校内の英語弁論大会に出場したいと相談に来たときでも、「日本語もうまく話せないのだから、英語なんか無理だよ」と却下するようなことは言わなくてすみました。その子が準優勝するまでの涙ぐましい努力に伴走でき、素晴らしい喜びを共有できたことに今でも感謝しています。

⑤　物や人の「影響力」

人と人、人と物、物と物が影響しあい、潜在能力を引き出すと考える視点です。人が成功するためには、人との出会いが不可欠です。どんなに潜在能力を持っていたとしても、それを引き出す人と出会わなければ、その力は発揮されません。

教育も出会いです。指導者は、教えるというより、子どもの持っている潜在能力を発揮させてやるのが役目です。子どもたちは、植物と同じように自分で成長するＤＮＡを持っています。子どもは、双葉になるまで手をかけてやれば、その後は、水である経験を積ませ、二酸化炭素である読書をさせれば、ほめる言葉が光となり成長していきます。

⑥　物や人が、そこに存在する「直接原因」

すべての事柄には原因があると考える視点です。

この視点を持った子は、「なぜ」というフレーズがつねに頭の中に浮かんでくる思考習慣を持っています。**つねに「なぜ」と考えることは、論理的思考の出発点ともいえる重要な視点です。**

逆に、お子さんが「なぜ」と質問しないようでしたら、たとえば、ある事柄について「なぜ、……なの？」という疑問文を３つ書くことを求めてみてはどうでしょうか。そうすると、だんだんと原因追及の思考回路が形成されていくでしょう。

⑦　物や人が、そこに存在する「間接原因」

直接原因を結果へと結ぶ間接原因があると考える視点です。

単元テストなどでは、どうしてもその単元の理解度チェックに重きが置かれているので、できなかった原因も、その直接原因に目がいきがちです。しかし、できない原因は、それまでに教わった単元（間接原因）が十分理解できていなかったことも多々あります。

⑧　物や人が置かれている「状況」（結果）

すべての事柄が、原因の結果として存在していると考える視点です。

そうすれば、受け入れがたい事実も、結果からさかのぼって冷静に分析することができます。たとえば、どんなに努力したと思っていても、志望校に合格できないこともあります。しかし、そこには必ず原因があると冷静に見ることです。

⑨　物や人が、現在からどのように変化するかという「見通し」

現状を結果として見るだけでなく、どのような未来が待ち受けているかを考える視点です。

たとえば、入学試験に合格できなかった現状を、結果としてだけ見たのでは、原因追及だけに終わってしまいます。しかし、試験に合格できなかった人のその後の人生を見る視点を持ち、「失敗」が人を磨き、大きくするという事例を見聞きすれば、そのことから自分の未来の道を見いだすことができます。

現在は過去と未来を結ぶ断面でしかないことと、つねに考えていることが、この視点の見方ともいえるのです。

⑩　①から⑨までの視点を統合する視点

空間的視点と時間的視点を統合する視点です。

一つの事柄には因果関係があります。しかし、現状はあらゆる事柄の因果関係が複雑に絡み合い、時とともにその関係も変化しています。それらを統合して考えることができれば、この⑩の視点を身につけたといえるでしょう。

◎この問題、どう教えますか？

では、京都府立洛北高等学校附属中学校で２００８年度に出された入試問題（適性検査）を見てみましょう。

＊

洛北花子さんは、米づくりを中心に日本の農業について、レポート作りをしています。

（中略）

問題

　花子さんは、米と肉類について、生産量と消費量との関係を調べ、レポート3にまとめようとしています。

レポート3　米と肉類の国内生産量と消費量の変化

・米についてのグラフの変化からわかること

　1965年度のころは、米の国内生産量と消費量がほぼ一致《いっち》していました。その後、米が余る年があり、余った米は国内で保管するなどしたようです。しかし、やがて国内生産量が減少して余らなくなり、2005年度までの国内生産量と消費量とは、ほぼ一致しながらともに減少しました。

　これは、日本人の食生活の変化が原因の一つであると考えられます。

・肉類についてのグラフの変化からわかること

エ

　これも、日本人の食生活の変化が原因の一つであると考えられます。

米と肉類の国内生産量と消費量の変化

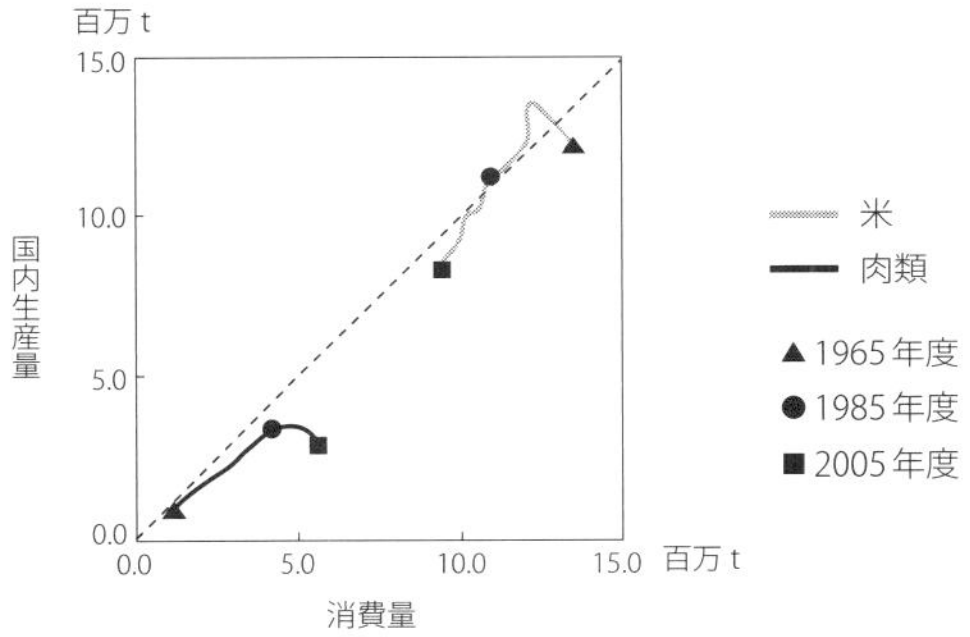

注1　「消費量」は国内消費向けの量を示しています。
注2　グラフは5年ごとの数値《すうち》をもとに作成しています。
（食料・農業・農村白書平成19年度より）

エのらんには、肉類についてのグラフの変化から読みとれる内容があてはまります。「米についてのグラフの変化からわかること」の文章を参考に、その内容を81字以上１００字以内で書きましょう。

＊

グラフから情報を読み取らせ、分析させる問題です。まさに、ＰＩＳＡ型読解力を問う問題だといえます。

解き方としては、まず視点①からグラフの形が何を表しているかを読み取ります。点線が何を表しているかを考えると、国内生産量と消費量が等しいことを意味していることがわかります。

グラフからこのことを読み解いたあと、「米についてのグラフの変化からわかること」の文章を読んで、その内容を読み取ります。注意することは、グラフから読み取った数字の変化からその原因を推測していくことです。

これを参考にして、「肉類についてのグラフの変化からわかること」を考える前に、それぞれの現状を分析すると、次のようになります。

１９６５年は、国内生産量と消費量はほぼ同じ１００万ｔと読み取れます。１９８５年は、国内生産量が３００万ｔで消費量は４００万ｔとなり、その差１００万ｔが輸入と読み取れます。そして２００５年は、国内生産量が２５０万ｔで消費量は５５０万ｔとなり、その差３００万ｔが輸入と考えます。

これらを比較すると、１９６５年から１９８５年までは、国内生産量が２００万ｔ増えて、消費量は３００万ｔ増えていることがわかります。

また、１９８５年から２００５年までは、国内生産量が50万ｔ減少し、消費量は１５０万ｔ増加していることがわかります。

それらのことを手がかりに、この2つの変化の原因（視点⑥）を考えると、1965年から1985年の変化は、国民の食生活の変化ではないかと推論できます。

また、1985年から2005年までそれほど消費量が増えなかった原因を考えると、食習慣における肉の割合が安定してきたことと、BSE問題で国民が牛肉を避けるようになったことが原因ということが推測されます。

◎分析する力を身につけるには？

このような問題を解くには、知識を詰め込んだだけでは十分ではありません。グラフや文章を比較・分類・分析して、その内容を読み取り、その内容から推測して原因を追及する力が必要です。

その際、先ほど紹介した10の視点は、たとえていえば、身につけた知識を自由自在に使いこなすためのエンジンとなります。

とはいえ、これだけの視点を一朝一夕に身につけさせることはほぼ不可能です。

お子さんが、いつも決まった視点から物を見ているのではないかと感じたら、「そうだね。〇〇ちゃんの言うとおりだね。じゃあ、こういう見方はできるかな？」と、別の視点を与えて、物の見方にはいろいろなものがあるということに気づかせてあげるといいでしょう。

たとえ正解までたどりつけなくても、少しずつ身につけさせるのがポイントです。

まとめ

分析は　10の視点で　考える

4　批判的に考える　―評価する力―

◎評価する力とは？

ここからは、３までの、目の前の物事を比較、分析する段階からは一歩進んで、分析して得た情報を「評価」する段階に入ります。

読解における評価とは、**文章や図・表から得た情報の妥当性、適合性を明らかにすること**です。

というと、いきなり自分の考えの立場から文章を批判的に読むというように受け取られるかもしれません。確かに、図や表で表される情報であれば、小学生でもその妥当性や適合性は判断できると思います。

しかし、文章に表された意見についての評価を小学生に求めるのは少し早すぎるという

視点を変えて「評価する力」

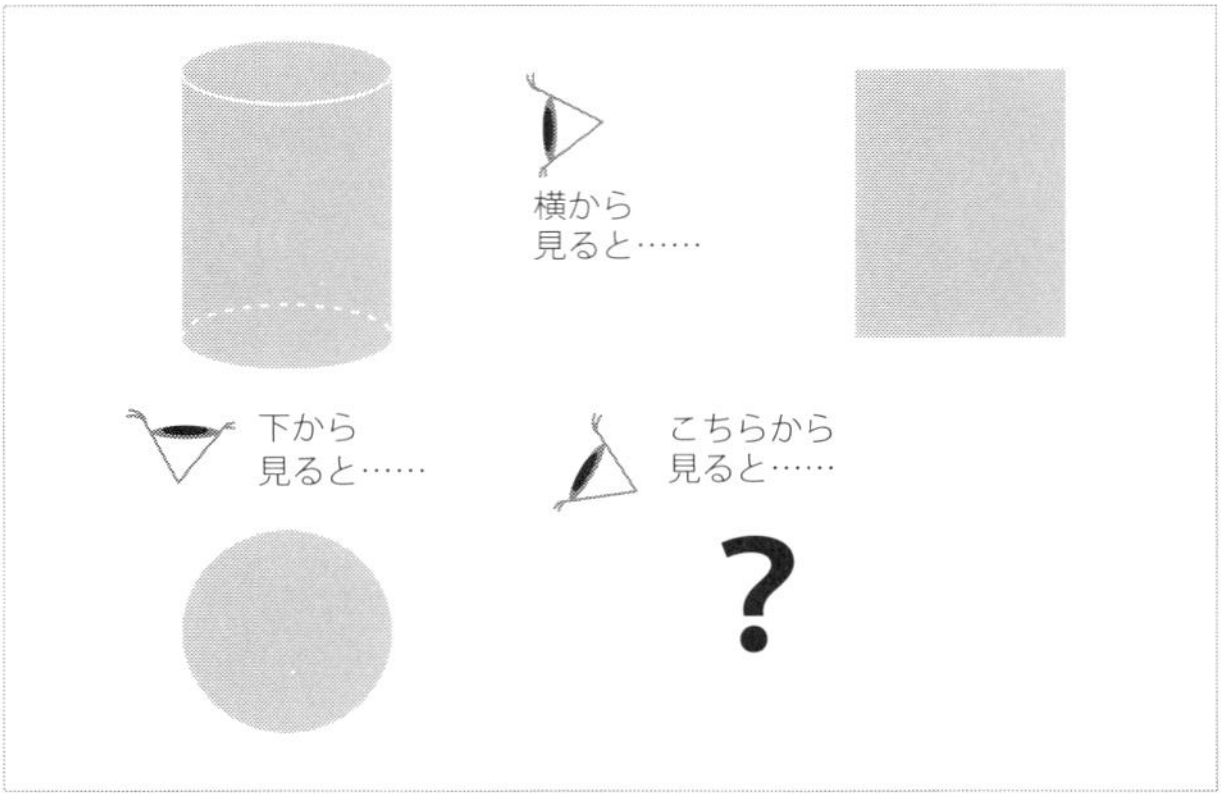

のもわかります。

そこで、文章に述べられている意見についての妥当性を「評価する」ということは、自分の立場から考えることではなく、**「相手の立場に立って考える」**ことであり、次に**「第三者の立場で考える」**と考えればいいでしょう。

まず、「相手の立場に立って考える」について。

「相手の立場に立って考える」とは、文章に書かれた事実を前提として、相手の論理に従って読み解いていくということです。

ですから、教育機関では、そのために、子

どもたちに、事実確認がしっかりした文章、主人公になりきって読めば心を豊かにしてくれる文章、論理矛盾のないしっかりとした文章、反対論にも配慮したバランスのとれた文章を読み解く指導をしています。

教科書がまさにそうですし、推薦図書（たとえば、東京都杉並区教育委員会では、夏休み・冬休みには1・2年生向け、3・4年生向け、5・6年生向けの推薦図書を選定しています）もそのようなものです。

「相手の立場に立つ」ということを体感させるためには、たとえば、「赤ずきん」のオオカミになりきって物語を書かせてみるというのも有効な手段です。

ただ、必要以上に相手の立場に立った読み方をしていると弊害もあります。

というのは、相手の立場に立って考える思考習慣のある子が、事実誤認に基づく文章にであったとき、その誤認事実やデータ改ざんさえ、そのまま信じてしまう危険性があるからです。

相手の立場に立って考える能力があっても一般常識が欠けた子は、論理の飛躍も善意で解釈し、一方的な論理展開に対して批判できなくなってしまいます。そうならないためには、「第三者の立場で考える」、つまり「批判的に読む」ことが必要となってくるのです。

◎この問題、どう教えますか？

秋田県共通で出された適性検査の問題を取り上げます（２００８年）。

＊

問題

明夫さんは、総合的な学習の時間に「環境《かんきょう》問題」をテーマに学習を進めています。インターネットで地球の温暖化について調べていると、次のような文章と資料を見つけました。

> 環境にやさしいとされる自動車用バイオ燃料の開発が世界的なブームになっています（資料１）。わが国でも２０３０年までに、自動車用燃料の10％程度をバイオ燃料

にかえようとする計画が進められています。

この世界的なブームの背景には地球温暖化（資料２）への関心の高まりがあります。京都で行われた環境に関する国際的な会議においては、バイオ燃料の二酸化炭素の排《はい》出《しゅつ》量はゼロとみなされました。

しかし、バイオ燃料の導入には反対する意見もあります。アメリカでは穀物《こくもつ》がバイオ燃料の原料として使われるようになり、トウモロコシの価格がこの１年間で２倍に上昇しました。値上がりはトウモロコシにとどまらず、大豆や小麦など他の穀物にも影響《えいきょう》を与えています（資料３）。日本国内でも、食用油やマーガリン、マヨネーズ、カップめんなどが値上がりしています。


あなたは、バイオ燃料の導入に対してどのように考えますか。賛成、反対の立場を明らかにした上で、あなたの考えを書いてください。
※文章は17行以上、20行以内で書いてください。

資料1

自動車用バイオ燃料

植物性の物質（サトウキビ、トウモロコシなど）を利用して作られる自動車用燃料のこと。バイオエタノール、バイオディーゼルなどがある。最近では、ガソリンなどにかわるものとして注目されている。

バイオエタノール
原料
サトウキビ
トウモロコシ
など

バイオディーゼル
原料
植物油
（油ヤシ・大豆）

資料2

二酸化炭素濃度の変化と地球気温の上昇

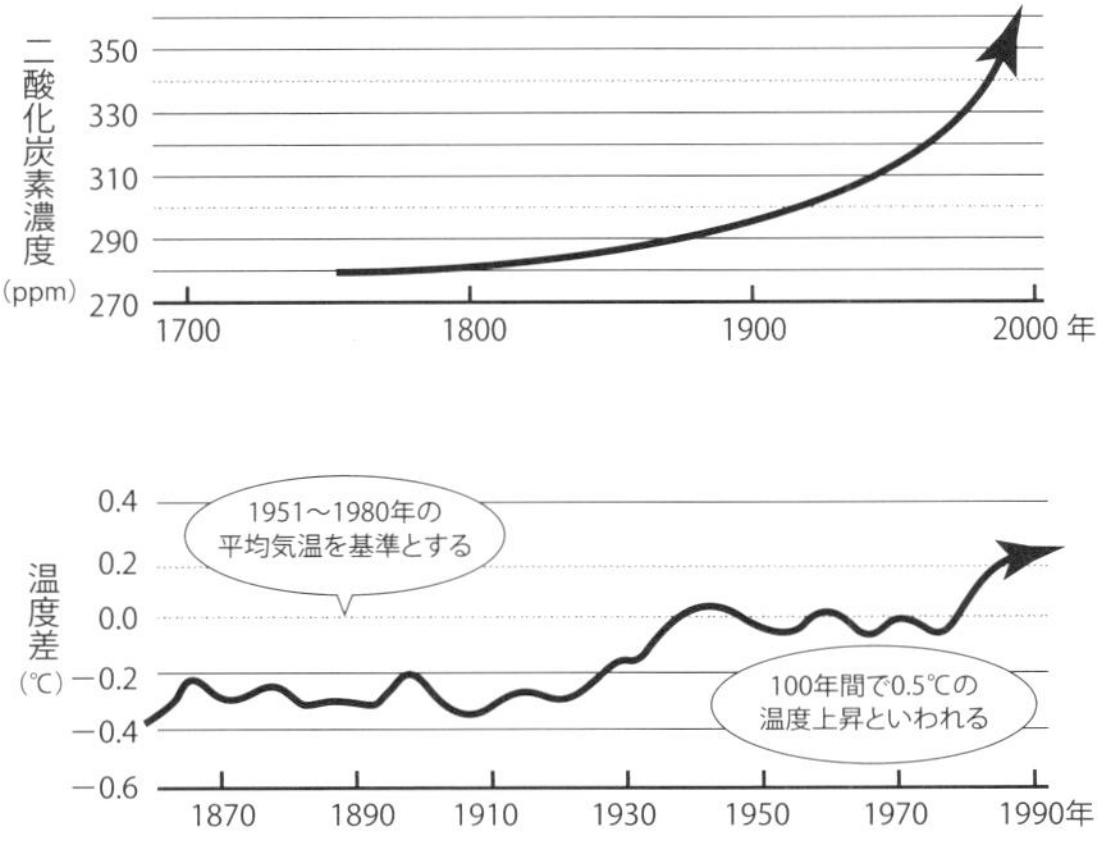

（省エネルギーセンター『かしこい住まい方ガイド』から作成）

※　二酸化炭素濃度は空気中に占める二酸化炭素の割合（ppm=0.0001%）

資料3

主要穀物価格の推移

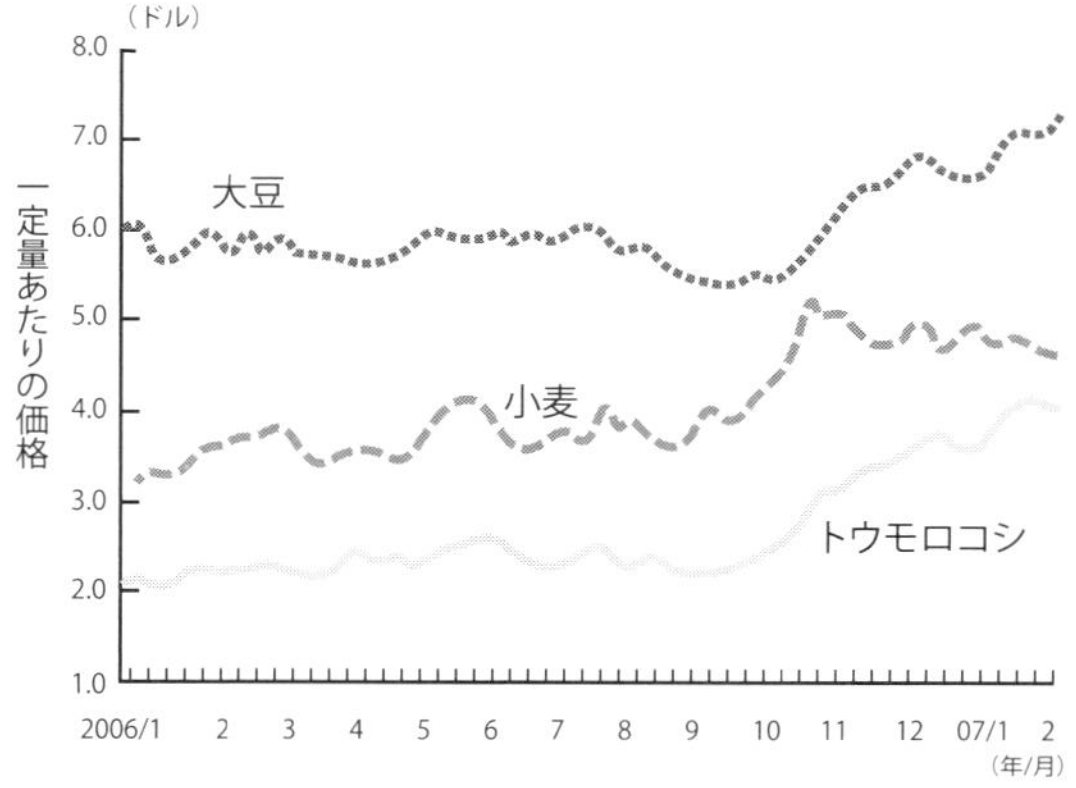

(国際連合食糧農業機関2007年データから作成)

＊

この問題では、子どもたちに賛成か反対かといった明確な意見を求めています。その際、まずはじめに自分の立場を明らかにした方がいいでしょう。

この問題でいえば、バイオ燃料の導入に賛成の人は、おそらく地球の環境問題に関心のある人です。現在の生活状態を将来も維持したいと考える人かもしれません。つまり極論すると、裕福な人たちが持つ意見ということになります。

それに対し、反対の人は、飢餓問題に関心があり、現在の生活状態を維持するよりも改善したいと考える人でしょう。つまり極論すれば、反対というのは、裕福ではない人たちを代表した意見ということになります。

このように、賛成・反対というのは、理由から導かれるものではなく、立場から導かれるものだと教えなければなりません（もちろん、相手を説得するためには十分な理由が必要になりますが）。また、ただ理由を並べて相手を論破すればいいというものでもなく、相手の立場を考慮する意味で、反論への配慮が必要だということも教える必要もあります。

また、こういった自分の立場について書かせる問題は、読解指導だけでは対応できません。小・中学生を対象とした作文教室でも難しいでしょう。

なので、この問題は中学入試問題ではありますが、内容的には、これまでの大学受験の小論文の問題とそれほど変わるものではありません。ということは、どのように気持ちを表現するかという作文指導ではなく、どのように「考え」を表現するかという小論文指導が必要になります。

しかし、知識のない子に、いきなりこのような問題をやらせたのでは、すぐ思考停止になったり、知識不足で堂々巡りの表現になったりしてしまいます。挙げ句の果てには、文章を書くことすら拒否するようになるかもしれません。

ですから、これまでのステップを踏んで、まず知識をつけ分析力をつけて必要な事実と論理を前提として、評価という段階に入らなければなりません。

そして、子どもたちに対して、「自分の考え」は、信頼できる大人の意見や新聞などに書いてある意見から、自分の好きなものを取り入れてつくってもいいということを教えるのです。

◎評価する力を身につけるには？

評価する力を身につけさせるには、とにかく**新聞を読ませる**ことです。新聞には検証した事実が偏りの少ない編集で書かれているので、どの記事を子どもたちが信じようとそれほど危険はありません。

一番危険なのは、インターネットの掲示板やブログに掲げられた意見を子どもたちが鵜呑みにすることです。

そもそもインターネット上の文章は、活字文化ではなく会話文化の延長線上にあるものです。書き込んだ次の瞬間に削除できるので、言葉に対する責任感もありません。犯罪的な表現が散見されることさえあります。

このことからしても、学校においてインターネットで調べ物をすることは自粛すべきなのではないでしょうか。学校には先生がいて、信頼のある情報しか入手できないようになっているという反論もあるでしょう。しかし、だからこそ、逆にインターネット上の記述を信じる思考回路が形成されてしまう可能性があります。

これは、ちょうど高速道路で子どもたちが遊んでいるようなものです。まずは、この危険な状況を認識しなければならないのではないでしょうか。

このような状態を少しでも回避するために、小学校高学年からはクラスごとに地方紙や全国紙を少なくとも数部は備えておくことを提案します。そうすれば、子どもたちの感性のなかに、一瞬にして消えてしまうデジタル情報よりも、編集過程を経た印刷情報に信頼を持つ思考回路が形成されるはずです。

そのことが、客観的評価力を身につけることにつながると私は考えています。

まとめ

新聞を 読んで鍛える 評価力

5 判断して絞り込む　―選択する力―

◎選択する力とは？

「評価」の次は、自分が下した評価の中から、自分の考えに近いものを「選択」するステージです。

選択とは、「たくさんの候補の中から、良いと思う物や考えを選び出す」ことです。言い換えれば、判断をして絞り込み、最後に決断することです。

この判断とはどういうものかというと、評価基準の設定、材料の収集、評価と続き、その結果を基準に照らし合わせる一連の思考作業のことです。

このようにして一つひとつ判断していった結果、最後に一つだけ残るといいのですが、判断して絞り込む「選択する力」

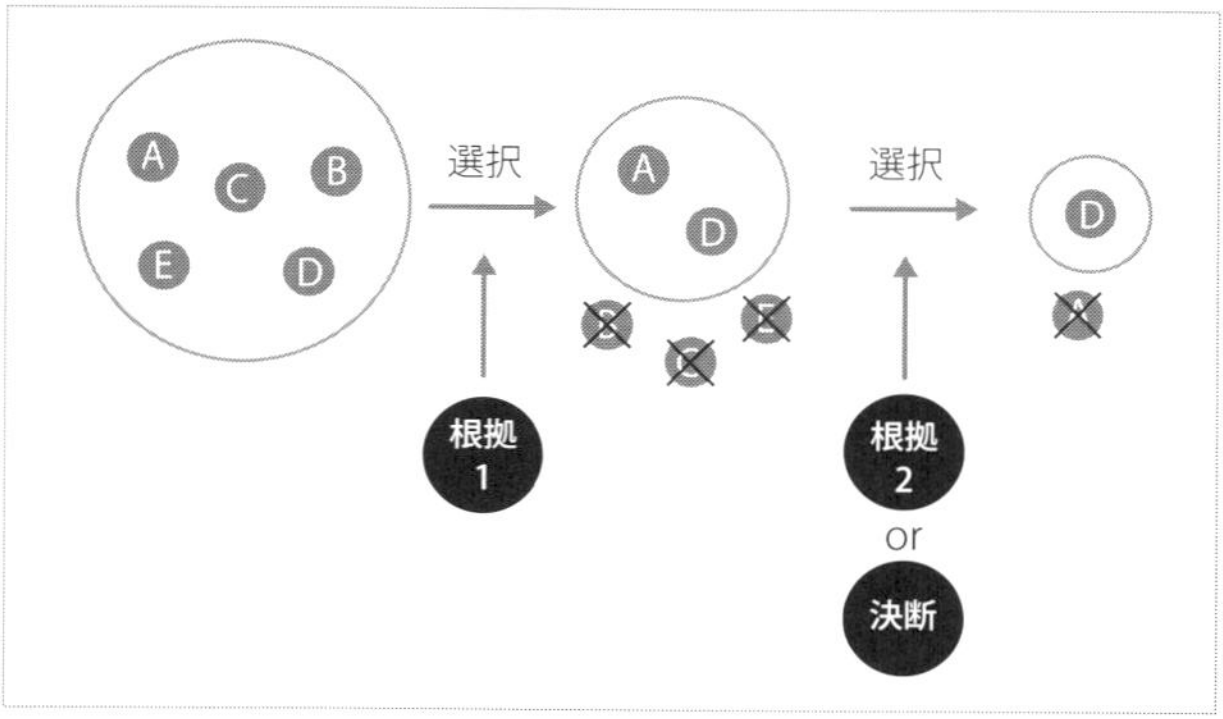

二つ三つ残って、判断がつかないこともよくあります。

こういうときは、最終的には直感で選択するほかありませんが、これも日頃から、選択するときの根拠となる確固たる基準を持っておくことが大事だということになります。

◎この問題、どう教えますか？

東京都立立川国際中等教育学校の適性検査の問題（２００８年）からです。

＊

次の文章を読んで、あとの問題に答えなさい。

文章

国語、数学、理科、社会、英語、どれも勉強することにはそれなりの意味がある。それぞれが、それぞれの仕方で、この世界のことを知ろうとして探求《たんきゅう》しているものだからだ。そして、世界に自分に関係のないことはないのだから、「世界を知る」ということは、「自分を知る」ということだ。「自分を知る」ことでこそ、人間は賢《かしこ》くなることができる。暗記するだけの勉強がつまらないのは、それで自分が賢くなったと実感することができないからだ。

自分で考える勉強は面白《おもしろ》い。自分の頭で考えるということは、本当に面白いことなんだ。どうして面白いかというと、考えれば、知ることができるからだ。知るということの喜び、自分が賢くなることの実感、これが人を夢中にするんだね。

「知る」ということを、君はこれまで誤解《ごかい》していたはずだ。ローマ帝国《ていこく》の崩壊《ほうかい》の年号を知っていることが、「知っている」ということだと。

でも、本当に「知っている」ということは、そういうことじゃなかった。知っているということは、「そのことはどういうことなのか」ということを、自分で考えて、そして、知っている、理解しているということなんだ。ローマの人々の気持ちはどんなだったろう、皇帝《こうてい》はどう考えて次にどう行動したろう、そういうことを、自分のこととして想像して、そして納得《なっとく》できているということだ。

むろんそれが本当にそうかどうか、正しい答えなのかはわからない。いや、正確には「正しい答え」なんてのはないんだ。だって誰《だれ》もそれを自分で体験したわけじゃないんだから。体験して知っているわけじゃないから、想像して考える、ここに考えることの面白さがある。考えるということは、正しい答えを求めるということとは違《ちが》うんだ。

正しい答えもないのに、どうして考えるのか、考えられるのか、君は疑問《ぎもん》に思うだろう。考えるということは、正しい答えを出すことだとも誤解していたはずだからね。

なるほど、ある意味ではそれはその通りだ。答えがなければ、問いはないからだ。だけど、「そのことはどういうことなのか」ということを知るために、どこまでも考えてゆくと、答えというものはないと知る、そういう問いがあることに、人は気がつくことになる。

たとえば、数学や理科の場合は、歴史と違って、「正しい答え」というのが必ずあるように思えるね。計算すれば、答えは出るし、自然の法則は、そういうことに初めから決まっているからだ。

だけど、自然の法則がそういうことに決まっているのはどうしてなのか、という問いを立ててみるといい。君は、この問いには答えがないと気づくだろう。だからこそ人は、考えるんだ。答えがない問いが面白くて、考えるということを始めるんだ。

（池田晶子《いけだあきこ》『14歳《さい》の君へ』〈毎日新聞社〉より）

問題

資料１か資料２のどちらかを選び、**文章**と選んだ資料の内容に共通することがらを見つけ、そのことについて、あなたの考えを５００字以上６００字以内で書き、題名をつけなさい。

文章と資料の内容に必ずふれながら書き、あなた自身が見聞きしたことや、体験したことを書き加えてもかまいません。

＊

資料1「外国に留学しようと思った理由」

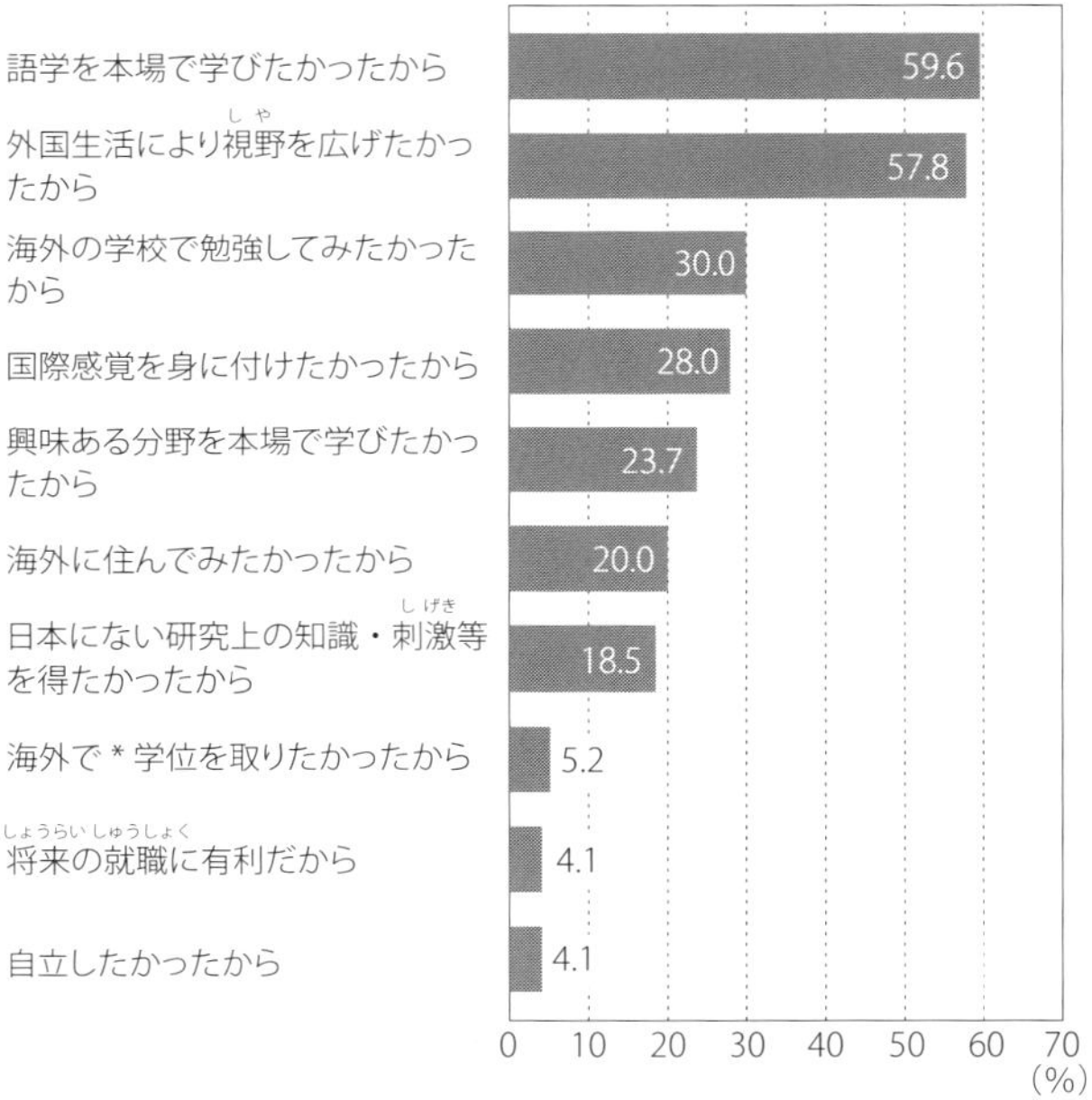

＊学位…ある分野のことを調査研究して、それに関するすぐれた論文を提出した人に、大学があたえる博士などのよび名。

※　調査は海外留学経験者を対象としたもので、回答は当てはまるものすべてを選んでいるので合計は100%にならない。

（独立行政法人日本学生支援《しえん》機構「平成16年度海外留学経験者の追跡《ついせき》調査」報告書より作成）

資料２「ノーベル賞受賞者の子供《こども》のころのエピソード」

氏名	受賞分野（受賞年）	子供のころのエピソード
湯川《ゆかわ》 秀樹《ひでき》	＊物理学（1949年）	本を読むことが好きで、しだいに物理学に興味をもつようになりました。「物質は、いったいどこまで小さく分けることができるか」という問題について、兄と大論争《だいろんそう》をしたことがありました。
朝永《ともなが》 振一郎《しんいちろう》	物理学（1965年）	小学校３年生のときに、雨戸の節穴《ふしあな》から差しこむ光によって、庭の景色が逆さになって障子《しょうじ》に映《うつ》し出されるのを発見しました。同じ仕組みで紙を使ってスクリーンを作るなど、身近な現象をよく観察して、いろいろな実験をしました。
福井《ふくい》 謙一《けんいち》	＊化学（1981年）	豊かな自然の中で、昆虫《こんちゅう》などを集めるのが好きでした。海のプランクトンを集めて顕微鏡《けんびきょう》で観察したり、海辺の生物の姿《すがた》に見入ったりしてしまうこともありました。昆虫学者のファーブルを尊敬《そんけい》していました。
白川《しらかわ》 英樹《ひでき》	化学（2000年）	大好きな野山を遊びまわる中で、ふとした瞬間《しゅんかん》に「どうして雲が浮《う》いているのだろう」「この植物はなぜここに生えているのだろう」などと、いろいろなことを不思議に思い、自然の中にかくされた法則を自分なりに見つけていました。
田中《たなか》 耕一《こういち》	化学（2002年）	小学校の先生の影響《えいきょう》で理科の実験が大好きになり、先生の実験の手伝いもしていました。磁石《じしゃく》の力についての実験では、水よりも油を使うことを提案して、先生を感心させました。授業でわからないことは、とことん質問しました。

＊物理学…物体の動き、音や光、電流などの動きを知り、そのようすや作用のしかたなどを研究する学問。
化学……物質の溶《と》け方などをはじめ、物質のなりたちや性質、物質どうしの関係などを研究する学問。

受験生に、「資料1か資料2のどちらかを選びなさい」といきなり決断をせまる、珍しい問題です。

もちろん、子どもたちは、文章を読んだあと、両方の資料を読むでしょう。このとき、どちらの資料が自分にとって理解しやすいかという基準で選択すると思いますが、確固たる自分の意見がないと、結論は出ないはずです。

◎選択する力を身につけるには？

では、どうすれば「選択する力」が身につくのでしょうか。それは、判断力と決断力を磨くことですといえば、身も蓋もありませんが。

とはいえ、やっかいなことに、判断力と決断力は、知識というよりは経験の中で身につけていかなければならないものです。極端な話、社長の地位にでもなれば、否応なしに磨かれていく能力ではありますが、これをいったいどうやって子どもに身につけさせるのかは、非常に難しいところです。

ただ、私たちの行動は、こまかく分析していくと、判断と決断の連続といってもいいものです。

たとえば、スーパーで野菜を買うときでも、全体的な張り、形、色、葉の状態、葉の根元などの情報を評価し、それに基づいて判断し決断します。そのことは、スーパーに行けば、買い物かごに入れるまでに、数本を手にとって比べている人が多くいることからもわかります。ですから、子どもを買い物に連れて行って、自分がいいと思うものを選ばせてみるのもいい方法かもしれません。

国語指導の中では、やはり**自由作文を書かせる**ことでしょう。

課題作文では最初からテーマが決まっていますが、自由作文では頭に浮かんでくる多くのテーマから、そのときの状況判断で、いらないものを捨てて一つのものを選択しなければならないからです。それを日常的に繰り返していけば、しだいに選択力が身についていきます。

まとめ

絞り込み　決断するが　選択だ

6 見通しをつける ―推論する力―

◎推論する力とは？

いよいよ、目の前の物・情報を比較、分析し、それを評価、選択する段階から一歩進んで、自分の考えを組み立てていく段階に入ります。

「推論」とは、一般的には、「わかっている事柄をもとにして、まだわかっていないことを考え、予想する」ことです。ここでは、**断片的な言葉や情報を見て、論理の組み立てを予想する、あるいはそれに見通しをつける力**をさします。

推論には、大きく分けて2つのものがあります。みなさんよくご存じの

見通しをつける「推論する力」

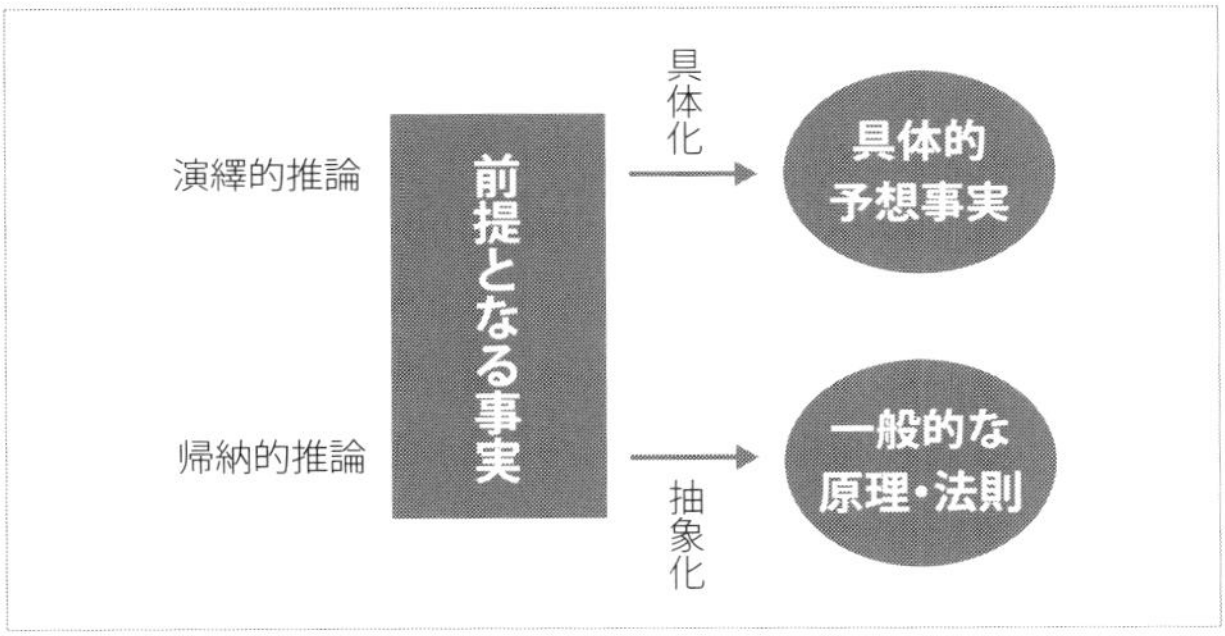

① 演繹的推論
② 帰納的推論
といわれるものです。

①は、わかっている事実から推論し、結論として個別の事実を導く思考法です（前提事実→具体的予想事実）。

これに対して②は、わかっている事実から因果関係を推論し、一般的な原理を導く思考法です（前提事実→事実を貫く法則）。

いずれにしても、前提事実と結果事実だけを暗記していても、推論ははたらきません。

たとえば、子どもたちがテストの答え合わせをしているとき、「あ！　これ知っていたのになあ」とか「これ、わかっていたのに」ということが起こるのは、テスト問題にある前提事実と結果事実は、知識として暗記してあったのに、その間を結ぶ「論理」を知識として持っていないからです。

事実だけを暗記すれば、「論理」の部分がなくても、試験にはある程度対応できます。特に、中学受験対策としては、算数においてさえも、ほとんどの受験生がその方法を取り入れているようです。

しかし、さすがに大学受験ともなると、「論理」のない受験対策はほとんど通用しません。考える癖が身についていないからです。

◎この問題、どう教えますか？

広島県立広島中学校の適性検査の問題（２００８年）です。

＊

春男《はるお》くんや夏子さんの学級では、総合的な学習の時間の授業で、班ごとに、生活に身近なものをテーマにした調べ学習を行っています。春男くんと夏子さんの班は、「私たちの

乗用車の台数と世帯の数（平成17年）

県の名前	乗用車の台数（万台）	世帯の数（万世帯）
茨城県《いばらき》	171	103
神奈川県《かながわ》	301	359
岡山県《おかやま》	103	73
広島県《ひろしま》	132	115

（財団法人 自動車検査登録情報協会ホームページ、総務省統計局ホームページによる。）

生活と交通とのかかわり」というテーマで調査をすることにしました。

次の表は、春男くんが、日本の４つの県における乗用車の台数と世帯の数を調べ、まとめたものです。また、次の会話は、この表を見て春男くんと夏子さんが話したものです。これを読んで、あとの問題に答えなさい。

春男「ぼくたちが住んでいる広島県と、広島県のとなりの岡山県、首都がある東京都のまわりにある神奈川県と茨城県の４つの県の調査をしてみたよ」

夏子「この表からどんなことがわかるかしら。たとえば、私たちの住んでいる広島県の乗用車の台数は、４県の中で３番目に多いわね。でも、世帯の数は２番目に多いわよね」

春男「ぼくは、乗用車の台数と世帯の数の関係を、まず、グラフに表そうと思っているんだ。グラフができあがったら、それを見ながら分かることを説明してあげるよ。ところで、ぼくは神奈川県の乗用車の台数と世帯の数に関心があるんだよ」

夏子「神奈川県には他の3県とどこか違《ちが》うところがあるの」

春男「ぼくが関心をもっていることは、神奈川県以外の3県は世帯の数より乗用車の台数の方が多いけど、神奈川県だけは世帯の数より乗用車の台数の方が少ないということなんだ。これは、神奈川県には車を持っていない世帯の数が多いということだと思うんだ」

夏子「なるほど。では、神奈川県に車を持っていない世帯の数が多いのはどうしてなの」

春男「これから資料を集めて、その理由を考えようと思っているんだよ」

夏子「そうなの。考えがまとまったら班のみんなに説明してね」

春男「いいよ。楽しみにしていてね」

問題

春男くんは、神奈川県に車を持っていない世帯の数が多いのはどうしてなのか考えるために、次のページの①〜③の資料を集めてきました。春男くんは、その中の２つ以上の資料を使って、考えたことを班のみんなに説明しようと考えています。

あなたが春男くんなら、どの資料を使ってどのように説明しますか。資料の番号を書くとともに、説明する内容を書きなさい。

＊

必要な資料を選択させ、データを用いて推論させる問題です。

このような問題は、単に知識を詰め込んでいればできるというものではありません。まさに、ＰＩＳＡ型読解力がなければ解けません。

では、演繹的推論と帰納的推論の２つの方法から考えてみましょう。

まず演繹的推論を用いて、与えられた情報を分析するところからはじめます。

①夜間人口と昼間人口（平成17年）

（千人）

県の名前	夜間人口	昼間人口
茨 城 県	2,973	2,886
神奈川県	8,753	7,905
岡 山 県	1,950	1,949
広 島 県	2,863	2,872

（総務省統計局ホームページによる。）

夜間人口：その県に住んでいる人口
昼間人口：（夜間人口）−（その県から他の都道府県への通勤・通学者数）＋（その県への他の都道府県からの通勤・通学者数）

②住宅地の価格（平成17年）

（円）

県の名前	住宅地の１㎡あたりの平均価格
茨 城 県	42,700
神奈川県	182,000
岡 山 県	36,500
広 島 県	60,000

（国土交通省ホームページによる。）

③東急田園都市線あざみ野駅およびJR山陽本線西高屋駅の列車時刻表
〜平成19年11月1日現在〜（平日の通勤・通学時間帯）

	あざみ野駅（大手町駅方面）	西高屋駅（広島駅方面）
時	分	分
5	15 32 40 47 53 57	06
6	06 15 17 22 27 32 38 40 43 47 51 54 56	01 17 30 46 51
7	00 03 05 11 14 21 23 25 27 29 33 35 37 41 43 45 47 50 52 54 59	01 09 20 33 37 48 55
8	01 03 08 10 12 17 19 21 25 28 30 35 37 43 45 53 55 58	21 38 52
9	02 06 10 12 18 23 25 30 35 37 43 50 52 58	08 20 38 53

（東急電鉄ホームページ、JR西日本ホームページによる。）

あざみ野駅：神奈川県の東部にある駅の一つ。東京中心部の大手町駅まで40分〜50分程度。
西高屋駅：広島市の東方にある駅の一つ。広島駅まで35〜40分程度。

①夜間人口と昼間人口の表を比較してみると、神奈川県だけが夜間人口がたいへん多く、その他の県はほとんど差がないことがわかります。
ということは、神奈川県民の多くが県外へ働きにいっていると推論できます。
②住宅地の価格を比較すると、神奈川県がたいへん高く、つづいて広島県、茨城県、岡山県となっています。
③あざみ野駅（大手町駅方面）と西高屋駅（広島駅方面）の時刻表を比較すると、電車の本数はあざみ野駅の方がたいへん多いということがわかります。
ということは、電車で大手町駅のある東京方面に通勤している人が多いと推論できます。

以上のように、①と③の資料から、「神奈川県民は電車で通勤する人が多くいるので、乗用車の必要性が低い」ということが推論されます。


では、帰納的推論を用いるとどうなるでしょうか。

まず、「神奈川県に車を持っていない世帯の数が多いのはどうしてなのか」という問いのところで、たとえば「車を購入する経済的余裕がない」という理由と、「車を使う必要性がない」という２つの理由を考えます。

ここで、「車を購入する経済的余裕がない」という理由が、資料から読み取れるか試してみましょう。すると、資料①からも③からも導くことはできません。かろうじて、資料②から、「住宅地の価格が高いので、家の購入の支払いが多くなり車が買えない」という推論は成り立ちます。

しかし、2つ以上の資料を使うという条件には合わないので、この理由ではないということになります。

そこで、「車が必要でない」という理由が資料から読み取れるか、試してみましょう。すると、資料③の時刻表から、「電車を使うから」という推論がはたらきます。そして、資料①から勤務地が県外の東京と推測され、なぜ車ではなく電車を使うのかは、「車通勤では交通渋滞に巻き込まれるから、電車通勤にした」という推論が成り立ちます。

これによって、神奈川県に車を持っていない世帯の数が多い理由は、「勤務地が東京で、通勤のための交通機関である電車の本数が多いので、車は必要でない」ということになります。補助的理由として、資料②から「駐車場の賃料が高い」ということをつけ加えてもいいでしょう。

◎ 推論する力を身につけるには？

一般的に、相手を説得する場合においては、前提事実から出発して相手も納得する論理を使って順に推論していく「演繹的推論」を用いるのがいいでしょう。

しかし、新しい企画や製品開発といった場合には、まず結論をイメージさせたあとで、前提事実と結論を逆から結んでいく「帰納的推論」を用いるのがいいと思われます。

このような推論する力を身につけるには、子どもに**推論する癖をつけさせる**ことです。

たとえば、子どもが意見や希望を口にしたときに、**「なぜだと思う？」「なぜそう思ったの？」と、口を酸っぱくして言い続ける**ことです。

何かについて考えるときに、その根拠をはっきりと持つことは、論理的に表現するときの第一歩となります。

まとめ

推論で　わからぬことを　予想する

7 考えに筋道をつけてまとめる ―構想する力―

◎構想する力とは？

「思考・判断する」の7つの力も、いよいよ最終段階になりました。最後の7つめの力は、考えに筋道をつけ、「構想する力」です。

構想とは、考えを組み立て、まとめることです。

そもそも、話をしたり文章を書いたりすることには、なんらかの目的があります。そしてそれは、決まった人に対しての場合もあれば、多くの人に対して思いや考えを伝えたい場合もあります（いずれにしても、相手と目的が定まれば、どのような内容にするかは、場面や状況を判断すると、おのずと決まってくるものですが）。

いずれにせよ、ここでいう「構想する力」は、これまでにご紹介した**比較、分類、分析、評価、選択、推論した結果を、筋道が通るように組み立てて、まとまった論理的表現にする力**ということになります（文章にまとめるまでの流れを、「発想→着想→連想→構想」と、書き手の心理的経過の側面から表現することもあります）。

◎構想する前の準備

では、どのようにして構想するのかということになります。ここでは、相手を説得するときの一般的な「構想」の話をしましょう。

まず、相手にどのような言動をとってほしいのかを明確にイメージしなければなりません。この点のイメージがしっかりしていないと、「君の言うことはわかったが、それで、私に何をしてほしいの？」という結果に終わってしまいます。

このことは、分別が不十分な子ども相手の教育においては、なおさら重要です（指導案をじっくり練って作成し、必要な教材も準備しておいたにもかかわらず、授業で力を発揮できない人の話を聞いてみると、授業をしている自分、つまり演技者としての視点を見落としているのではないかと思われます）。

考えに筋道をつける「構想する力」

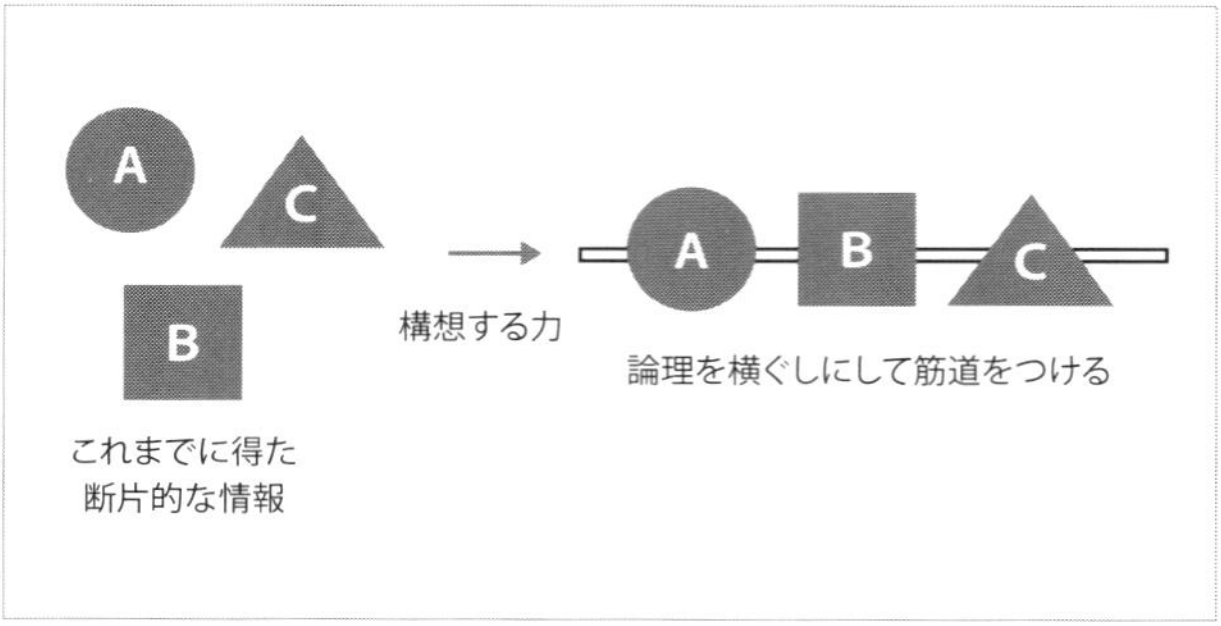

次に、こちらの考え、思いを伝え、相手に決断を促すことになるわけですが、そこで相手説得のストーリーが必要となってきます。そのストーリーを論理的に表現するためには事実と論理が必要です。

次に、その事実を、相手の知っている事実と相手の知らない事実に分けます。そして、論理も、相手の知っている論理と相手の知らない論理に分けておかなければなりません（くわしくは１５４ページ）。その準備をしてから構想を練っていきます。

その後は、以下の手順によります。

①　話の主題を明確にする

先ほども触れたように、この部分が曖昧だと、相手を話に引き込むことはできません。

ましてや、子どもたちに、今から何を教えるかを明確に伝えていなければ、集中してくれないでしょう。理科の実験などは、単なる遊びになってしまいます。

②　相手の知っている事実を前提として、話をはじめる

自分が知らない事実を、いきなりとうとうと述べられたのでは、「俺を馬鹿にしているのか」ということになりかねません。ましてや、子どもは反論ができませんので、わからない自分を責めるしか方法がなくなります（このために、子どもがコンプレックスを抱いてしまうケースもあります）。

③　結果を導き出す

そして、相手の知っている前提から、相手の知っている論理で推論した結果を、次の推論の前提として使い、新しい結果を導きだします。このようにして、話の筋道をつけていくのです。

ですから、推論で使う論理が、相手の知らない論理であれば、まずこれを説明して理解させなければなりません。

④ 最後に、相手の知らない事実を伝える

相手の知っている事実と論理だけで話を構想すれば、「くどい！」ということになります。子どもは、よそ見をし、手遊びをはじめるでしょう。

これでは、相手を説得することはできません。自分の知っている事実しかなかったなら、結論ありきの議論をしているのと同じことになるからです。

このように見てくると、相手を説得する場面においては、**「自分の知っている事実と論理を相手の状況に合わせて選択し、それを順序立てて組み立てて、相手の知らない事実を提示する力」**が、構想する力ということになります。

◎この問題、どう教えますか？

群馬県立中央中等教育学校の適性検査（２００８年）の問題です。

＊

問題

次の文章を読んで、あなたが感じたことや考えたことなどを、あなたの体験をふまえて、４００字以上、６００字以内で書きましょう。

もっとも平凡《へいぼん》な

松下《まつした》 幸之助《こうのすけ》

朝起きたら顔をあらう。家の前をはいて水を打つ。しごくあたりまえのこと。

ものをもらえばありがとう。お世話になったらすみません。とりちらかしたら、あとかたづけ。別にむずかしいりくつも何もない。犬や猫《ねこ》ならいざ知らず、人間としてなすべき、もっとも平凡な、もっともあたりまえのことである。

ところがこれにりくつがつく。手前勝手なりくつがつくと、いつのまにやらあとかたづけ不要。顔も洗わず水も打たず。平凡なことが何やらむずかしいことになって、何をなすべきか右往左往。

そんなことがきょうこのごろはあまりにも多すぎはしないか。

それもこれも、つまりは自分なりの都合のよい道を求めてのことであろうけれども、自他ともの真の繁栄《はんえい》への道は、ほんとうはもっとも平凡なところにある。みんなが納得《なっとく》するしごくあたりまえのところにある。別にむずかしく考える必要はないのではないか。

もう一度考え直してみたい。水が低きに流れるように、夏がすぎたら秋が来るように、自然のことわりにかえって、もう一度素直な心で考え直してみたい。

（松下幸之助「もっとも平凡な」『大切なこと』〈ＰＨＰ研究所〉より）

＊

繰り返しになりますが、「構想する」とは、目の前の物や人から収集した情報などを筋道立てて組み立てることです。

ですから、この力を身につけるには、単に知識を詰め込めばよいというものではありません。先のような問題に取り組む過程で、試行錯誤しながら培われるものです。

設問の文は、「次の文章を読んで、あなたが感じたことや考えたことなどを、あなたの体験をふまえて、４００字以上、６００字以内で書きましょう」となっています。

まず、この問題文から出題者は何を求めているかを読み解かなければなりません（このような問題の読解は、単に文章の意味を理解するというものではなく、自分が蓄積している知識・心情・論理から情報を導き出させることを前提とするＰＩＳＡ型読解といえるものです）。

さらに、「あなたの体験をふまえて」ということなので、「経験」から得た知識の集積から経験事例を導き出して表現させようとしています。
そして、これらの事実をどのように表現するかという表現技術としての構想する力を最終的に探っているのです。

では、与えられた文章からどのような情報を導き出すかというところからお話ししましょう。

文章にはテーマがあります。それが端的に現れるのが「題」です。ですから「もっとも平凡な」という題を分析すれば、文章内容もおおよそ想像がつきます。

子どもたちは、書くことに必要な情報だけを最初から想起しようとする傾向があります。これは、想起の段階で評価・選択も同時にすることにほかなりません。「何も思い浮かびません。どうすればよいのですか？」と質問する子のほとんどは、このようなアクロバット的思考作業をしているのです。ですから、このような子には、物事を分析する手順を教え、訓練させると、短期間に情報収集ができるようになります。

とにかく、関連性のある事項はすべて書き出させるのです。頭をかすめて即座に必要でないと思われたものでさえ書き出させます。すると、その書き出した言葉から連想される言葉がキーワードになることもあります。

どんなに多くの事項を思い出したとしても、次の過程で、それらを評価し選択して必要な事項に絞り込めばよいだけのことです。

次に、文章から情報を入手します。

「朝起きたら顔をあらう。家の前をはいて水を打つ。しごくあたりまえのこと」

この最初の段落は、平凡ということについての具体例で話をはじめています。

そこで、日常生活の中からこれと同じような毎朝犬の散歩をするといった具体例を思い浮かべれば、体験情報から関係のある情報を導き出したということになります。

「ものをもらえばありがとう。お世話になったらすみません。とりちらかしたら、あとかたづけ。別にむずかしいりくつも何もない。犬や猫ならいざ知らず、人間としてなすべき、もっとも平凡な、もっともあたりまえのことである」

この段落は「もっとも平凡な」と題にも使っているフレーズがありますので、中心段落だということがわかります。

そこで、「ものをもらえばありがとう。お世話になったらすみません」は具体例ではありますが、その本質として「相手に感謝の念を表す」ということが読み取れます。

次の「とりちらかしたら、あとかたづけ」も具体例ですが、その本質は「相手に心地よく感じてもらう」ということが読み取れます。

そして、「別にむずかしいりくつも何もない。犬や猫ならいざ知らず、人間としてなすべき、もっとも平凡な、もっともあたりまえのことである」。

ここからは、「相手に感謝の念を表したり、心地よく感じてもらうこと」という自然の感情で誰もができることという考えを表していると読み取れます。誰もがするから、「平凡」ということになるのです。

それが、現実にはそうではなくなってきているので、次の段落では、それを嘆いています。

「ところがこれにりくつがつく。手前勝手なりくつがつくと、いつのまにやらあとかたづけ不要。顔も洗わず水も打たず。平凡なことが何やらむずかしいことになって、何をなすべきか右往左往」。

そして、そうなった理由を次の段落で述べています。

「そんなことがきょうこのごろはあまりにも多すぎはしないか。

それもこれも、つまりは自分なりの都合のよい道を求めてのことであろうけれども、自他ともの真の繁栄への道は、ほんとうはもっとも平凡なところにある。みんなが納得するしごくあたりまえのところにある。別にむずかしく考える必要はないのではないか」。

ここで、「りくつ」の正体が「自分なりの都合のよい道」として表現されています。相手を思いやる気持ちから利己的な気持ちへと変化したことが、平凡さが失われた理由と考えているようです。

それと同時に、自他ともの繁栄への道は、みんながお互いに感謝する気持ちになることと説いています。みんながそうするようになれば、それは平凡なことになるというのです。

そして、最後の段落では、自らに問いかける表現にはなっていますが、その意味するところは読者に問いかけているのです。

「もう一度考え直してみたい。水が低きに流れるように、夏がすぎたら秋が来るように、自然のことわりにかえって、もう一度素直な心で考え直してみたい」。

次に、文章を読み解いたあとに「感じたこと」について、どのようなことを書けばよいのでしょうか。

文章を読んで「感じる」ということは、「共感」できるかどうかということです。共感するということは、作者が感じていることを、すでに同じように感じた経験があるかどうかということです。

つまり、作者は「お互いが感謝し思いやる関係」がすばらしいと思っているわけです。一方で、人に干渉されることを嫌がる人もいます。ですから、前者においては「私もそのように感じます」と共感することになるでしょう。また、後者においては「私は面倒で共感できない」ということになります。

いずれにしても、呼び出した情報を取捨選択したあとに、それらを筋道立てて組み立て構想する段階が最後に待ち受けています。

ここでは、まず表現形式を選びます。

たとえば、こういう課題文がついているときは、

①　課題文の要約
②　課題文に対する自分の意見提示
③　自分の意見の理由
④　結論

の４部構成が基本になります。

表現形式が決まれば、それまでに導き出した情報をこの４つの構成に振り分けていきます。こうして事柄と事柄を論理で結ぶという思考作業をすれば、自然と文章ができあがります。ここでは「体験をふまえて」とありますので、理由の展開において自分の体験から具体例を導き出しておくことです。

◎構想する力を身につけるには？

このように考えると、構想する力は定型的な作業だといえます。実際、このような問題をいくつか指導すると、話の展開方法が身につくようです。

構想する力とは、もう一度言いますが、文章の趣旨となる問題提起、自分の意見、理由、論拠、具体例、反対意見、そして将来に向けての提案などをどのようにつむいでいけば相手に伝わるかを考える力です。

実は、この論述する方法には型があるのです。ですから、**構想力を身につけるには、これらの型を練習する**ことにつきます。

現在よく使われている型には、大きく分けて次の3つがあります（くわしくは、148ページ）。

①「序論・本論・結論」の3段構成
②漢詩の構成である「起承転結」から転用された4段構成
③「問題提起、意見の提示、論拠・具体例、反論への配慮、結論」の5段構成

どの型を使うのが一番よいのかは、与えられた時間と文字数によっても異なってきます。ですから、時間と文字数の組み合わせをいろいろ変えて練習しなければなりません。その練習の結果として構想する力が身についていきます。

さらに具体的な方法については、第3章で説明することにします。

まとめ

構想で　筋道立てて　説得す

第3章

論理的に話す・書く

第1章では、体で感じる経験から知識を蓄え、心で思う経験から情感を身につけ、頭で考える経験から論理を獲得し、それを言葉として持つことについてお話ししました。

第2章では、目の前の物から情報を取り出し、それについて思考・判断するのに必要な7つの力についてくわしく説明しました。

この章では、いよいよこの本のキモである、自分の考えに筋道をつけて話し、書く際に必要となる「論理的表現力」についてお話ししていきます。

これまでの日本の国語教育では、自分の考えをわかりやすく「話す」「書く」技術は、「長文読解」ほどには重視されてきませんでした。そのため、日本人のPISA型読解力は、下降の一途をたどっているといってもいいかもしれません。

私は「はじめに」でも述べたように、論理的思考力だけを身につけても、それを適切にアウトプットする力を身につけなければ意味がないと考えています。

それでは、さっそくはじめていきましょう。

1 論理的表現の大前提――相手をイメージする

伝えることの核心は、「相手の頭の中に自分の論理過程を再構築させる」こと

私たちは、毎日多くの人と話し、仕事上で文章を書き、時には、思いをしたためた文章を書きます。しかし、本当に伝えたいことのうち、どれほどのことが相手に伝わっているでしょうか。

私も、生徒に対して、「これほど丁寧に教えているのに、なぜわからないのだ。これほど一生懸命教えているのに、なぜわかってくれないのだ」と考えていた時代がありました。

しかし、幸いなことに、わからなければ納得するまでとことん質問をしてくれた子がいました。わからないときは、にっこり笑って小首をかしげ、わかったときは声をあげて喜

んでくれる子もいました。さらに、わかるまで、真剣な眼差しでさらなる説明を要求してくる子もいました。

そのような子どものなかには、全国模試で1位になった子もいます。特別支援が必要な子もいました。最初の6年間は、24時間無休の塾でしたが、そのような子が毎日、素直に、真剣に、それぞれの課題に向き合ってくれました。私は、このような環境で30年間を過ごすことによって、やっとわかった論理的表現の核心があります。

それは、誰かに何かを伝えるということは、**「相手の頭の中に自分の論理過程を再構築させる」**ことなのだということです。それは、相手が理解できるように、という思いやりなしにはできないことです。

どんなに指導技術を磨いたとしても、子どもの頭の中でも論理過程が構築できるように伝えなければ、その子に伝わることはないでしょう。

では、この「相手の頭の中に論理過程を再構築させる」とはどういうことなのでしょうか。

はじめに、相手をイメージする

文章とは、文字を使って、まとまった考えや心の動きを書き表したものです。その考えや心の動きは「書き手からの発信」です。

物語の作者は、自分がつくったキャラクターを通して、自分が体験した感動や考えを伝えるために、物語を書いています。つまり、読者がそのキャラクターの言動に接したとき、自分と同じ感動や考えを持つように仕掛けているのです。

説明文は、作者が理解した内容を伝えるために、論理的表現をしたものです。つまり、読者がその説明文を読んだとき、自分が「わかった」と思ったのと同じ体験ができるように仕掛けています。

つまり、文章などの表現は、「送り手と受け手を結ぶ媒介物」なのです。さらに言えば、送り手の頭の中と受け手の頭の中を結ぶ役目を果たしているものです。

なので、文章を書いたり話をしたりする前には、媒介物の先にいる**受け手について具体的にイメージする**ことが大切です。はじめての人に手紙を出す場合でも、相手のおおその年齢はわかるはずです。そのようなときに、身近にいる同年輩の人をイメージして書かなければ、つい独りよがりの表現になってしまいます。

私は、この当たり前とも思えることすらできない社会人がいると聞いて、あることが頭に浮かびました。

それは、子どもは相手を意識して文章を書くということを教えられていないのではないか、ということです。というのは、作文指導は日記からはじまり、感想文が主体となっているからです（子どもたちは、相手を意識するとしても、せいぜいそれを添削する先生ぐらいでしょう）。

そこで、相手を意識するということを実感させるためには、最初の段階では、

「お父さん、お誕生日おめでとう」
「お母さん、お弁当ありがとう」
「サンタさん、プレゼントおねがい」

といった、**具体的な誰かに呼びかける作文を書かせる**のが効果的です。

まとめ

誰に書く　相手を決めて　はじめよう

2 【技術1】 型を持つ

論理的表現の大前提についてお話ししたところで、ここからは、論理的表現の「技術」について説明していきましょう。

本書では、必要最小限の3つの技術、つまり

①【形】型を持つ
②【内容】5W1Hをモレなく入れる
③【展開】論理を正しくつなぐ

について取り上げます。

まず1つめの技術は、**「型を持つ」**ということについてです。

論理的表現でよく使われる３つの型

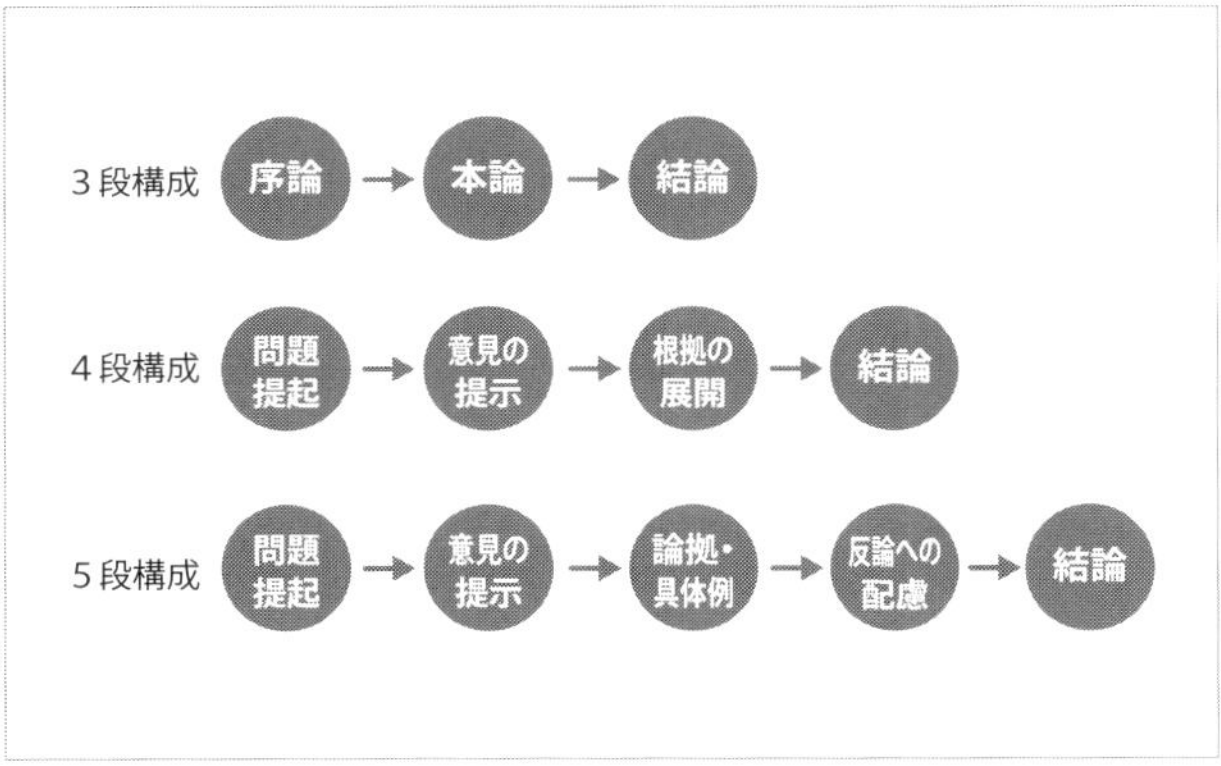

文章にも、「型」（フレームワーク）があります。

日常生活でも、「まず形から入る」ことが有効なケースがありますが、文章においても、この型を身につけておくと、書くスキルが飛躍的に高まります。

また、よく使われる型は、相手も同じものを持っているはずなので、それに則って書けば、相手も話の展開が予想でき、話が伝わりやすいというメリットもあります。

よく使われている型には、上のようなものがあります。次のページからくわしく説明していきましょう。

よく使われる型は？

比較的メジャーな型は、先ほどもご紹介した

・「序論・本論・結論」の3段構成
・漢詩の「起承転結」の構成から転用された4段構成
・「問題提起、意見の提示、論拠・具体例、反論への配慮、結論」の5段構成

です。

ここでは、なかでも特によく使われる4段構成の

① 問題提起
② 意見の提示
③ 根拠の展開
④ 結論

で考えてみます。

① 問題提起

話には、話題があります。まず話題を示さなければ、話ははじまりません。会うなり、いきなり自分の意見を言う人や、文章でもいきなり理由から書きはじめる人はいないでしょう。

ということは、相手も知っている話題でなければ話にならないので、当然相手も知っているであろう共通の事実から伝えます。

② 意見の提示

次に、話題について自分の意見を示し、賛成か反対かの意思表示をします。

③ 根拠の展開

意見を聞いても、判断材料がなければ、相手は比較検討できません。たとえば、数学の問題と解答だけ示して、「わかるか」と聞くようなものです。どのようにして解くのかという過程を示さずして「わかるか」と聞かれても、その過程が思い浮かばないときは、「わからない」と答えるしかありません。

そこで、自分の意見の根拠を述べます。いわゆる「展開」といわれる部分です。

④ 結論

125ページでも述べましたが、まず相手の知っている事実を前提として、相手の知っている論理を使って結論を導きます。

そして、相手の知らない事実を提示し、相手の知らない論理も使いながら、いろいろな角度から根拠を示しながら論理展開をします。たとえば、子どもに新しい単元の内容を教えるときに、復習をしてそれまでの学習内容を確認したうえで、新しい論理を説明するのと同じことです。

このように、意見や提案の根拠を論理的に展開したあと、よくある事実や論理を述べるのではなく、呼び出した事実と論理を融合させ、相手の発想が及んでいない考え方、展望、提案で締めくくることができれば、さらに説得力が増します。

◎ここでも役立つ10の視点

こうは言っても、小学生にとってはなかなかできることではありません。

大学受験の小論文の指導においても、書き出しの「問題提起」はよく、次の「意見の提示」も申し分ない内容なのに、その次の「展開」が知識不足で、論が成り立っていないということがしばしばあります。最後の「結論」部分もよくまとまっていると、なおさら知識さえ身につけていれば、と思わざるをえません。

ところが、このような小論文を書く子のなかには、実は、知識はあるのに表現できなかっただけ、というケースがとても多いのも事実です。

それは、分析の表現方法を知らないからです。そのようなときは、私は、79ページ以降に出てきた10の視点があることを教えます。

たとえば、「介護問題」を論じる場合においても、

- 「介護」とは何か（79ページの視点①から⑤）
- 現状はどうなのか、それは他の国においてはどうなのか（視点⑧）

・なぜそのような現状が生じたのか（視点⑥）
・またどのような経緯で現状に至ったのか（視点⑦）
・これから20年後はどうなるのだろうか（視点⑨）
といった視点を与えるのです。

そうすれば、日々分析力が鋭くなっていきます。それが「知恵」を生み出します。その知恵が論理的推論を生み、それが見通しのきいた論理展開を可能にするのです。


といったアドバイスは、聞けばわかることですが、論述に必要な事実と論理を集めるための分析力は、簡単には身につきません。日常生活のなかで、つねに10の視点から物を見るように心がけさせる必要があります。

たとえば、小学生に「遠足」という課題作文を出したときは、何を書くかではなく、どのようなポイントから遠足を思い出すかを教えるといいでしょう。
・遠足は誰と行くのか
・何を持っていくのか
・どこに行くのか

・何に乗っていくのか

といった視点もあわせて教えるということです。そして、知らない事柄は調べてメモするということを教えます。

このように、ただ知識を暗記することを教えるだけでなく、記憶した知識をどのようにして呼び出すか、そして呼び出した知識をどのようにして融合させるかという方法もあわせて教えれば、記憶している知識を有効に活用できるようになります。

事実と意見を分ける

表現の型は、状況によって使い分けなければならないことはいうまでもありません。ちょっとした日常会話や数百文字程度の文章では、**まず結論からはじめる**のがいいでしょう。その理由も簡潔に添えておきます。そうでなければ、「その話は、もういい」と打ち切られてしまう場合もありますし、そうでなくても、途中で話に割って入られることがあるからです。

もう一つ注意すべきことは、**事実と意見をはっきりと分ける**ということです。小学生に対しては、事実は「実際にあったこと」で、意見は「物事について持っている考え」と教えておくのがいいでしょう。

さらにこの事実と論理を、相手が知っているかどうかで分類します（あらかじめ相手について情報を得ておけば万全です）。

この基準を用いて分類すると、

①　相手の知っている事実
②　相手の知っている論理
③　相手の知らない事実
④　相手の知らない論理

の4つに分けられます。これらを、124ページでも出てきたように効果的に使うのです。

補足的なことですが、文章の表現については、次のようなことに気をつけるべきでしょう。

・一文を、相手に負担を強いることのない40文字前後にする（「ワンセンテンス・ワンメッセージ」）。だらだら続けない。
・段落は、それぞれ6行前後にして読みやすさに気を配る。

このようにして身につけた論理的表現力を進化させていけば、将来、入学試験、資格試験、そして採用試験等において威力を発揮することはもちろんのこと、計画書や企画書を作成する場合においても大いに役立つことでしょう。

まとめ

論理的　型に合わせて　表現だ

3 【技術2】 5W1Hをモレなく入れる

2つめの技術は、論理的表現の内容に関することです。

その基本は、いわゆる5W1H、つまり「誰が(who)」「何を(what)」「いつ(when)」「どこで(where)」「なぜ(why)」「どのように(how)」したかといった情報をモレなく入れるということです。

書くことは、読むことの数倍難しい

読むことと、書く（話す）ことの違いを、蓄積された知識（知識プール）の使い方の点から見てみましょう。

５Ｗ１Ｈをモレなく

読むということは、文章の中にある言葉の意味と若干の文法的論理を知識プールから呼び出せばいいだけのことです。ですから、慣用句、ことわざ、故事成語や専門用語さえ充実していれば、ほとんどの文章は反射的に読むことができます。

ただ、一語に多くの意味がある場合は、文脈から判断して選択しなければならないことがあります。また、暗喩などの表現があると、その真の意味を推理しなければならないこともあります。

いずれにしても、読解においては発想力や構想力といった能力までは必要とされません。すでに５Ｗ１Ｈがそこに含まれているからです（それがない悪文もたまにありますが）。

それにひきかえ、書くときは、この5W1Hを読み手に示す必要があります。時には、それをつくり出すことも必要なので、言葉に表す表現力だけでなく、発想力や構想力といった能力も必要になってきます。

ただ、書くことすべてにおいてこれらの能力が必要かというと、そうではありません。

3つの場合に分けて見ていきましょう。

① 起こった事実をそのまま書く場合

たとえば、日記や、すでに起こった事件を取り扱う報道記事、活動をした経過を表す報告書、議事録などです。

この場合における5W1Hは、ゼロからつくり出すことではなく、思い出す、または気づくものです。読解とは逆に、意味とリンクしている言葉を知識プールから呼び出して並べていく思考作業をする場合といえます。

② 気持ちを表す場合

たとえば、手紙を書く、日記に気持ちを表す場合です。感情とリンクした言葉を知識プールの中から呼び出して並べていくものです。

このようなときも、「誰に」対する気持ちなのか、「なぜ」「いつ」「どこで」「どのような経緯で」そのような気持ちになったのかを書いていくと、自然と5W1Hがそろいます。

ですから、創造的発想力までは必要ではなく、知識プールから事実用語、情感用語、それらをつむぐ基本論理を呼び出して話の筋道をつければ、比較的簡単に文章にすることができます。

③　論理的表現力を必要とする文章

たとえば、課題作文、感想文、物語、論説文、そして企画書などがあります。

これらは、①②とは違って、「思い出す」作業だけでは文章はつくれません。5W1Hを、モレなくつくり出して表現する必要があります。

小学生の作文の添削でも、5W1Hのモレがないかという点から指摘があるはずです。

これらを参考にして、何度も作文を書き直させれば、作文力が飛躍的にアップするでしょう。

5W1Hをつねに意識させるには

◎思い出した順に、とにかく書かせる

では、子どもにこの5W1Hをつねに意識させるには、どのようにすればいいのでしょうか。

たとえば、日記の指導において、日記の上部空白部分に、先に「いつ」「どこで」「誰が」「なぜ」「何を」「どのように」を書かせることがあります。この要素を並べていけば、最終的にはすべてを含んだ日記になることが自覚でき、日記以外の文章においても自然に5W1Hが意識できるようになります。

このようにして日記を書かせると、日々の生活の中で観察力が増し、感受性が鋭くなっていきます。

私の生徒で、中学生なのに日記すら書けない子がいました。書くとなると、思考が停止

してしまうようなのです。しかし、このような子にも、５Ｗ１Ｈを手がかりとして与えると、それに関する事柄を思い出そうとします。そうすると、時間はかかりますが、どうにか書けるものです。

とにかく最初は、順番を気にせずに、**思い出した順に書かせる**ことです。そうすることによって、書くことへの心理的な抵抗が薄れていきます。

情報を呼び出す段階では、順番など考えず、とにかく頭に浮かぶものからメモしていきます。それから、ゆっくり一つずつ、必要かどうかを検討しながら取捨選択していくのです。そのようにして、論理展開に必要な事実を手に入れていきます。

そして次の段階で、時間順に並べさせます。その際、事柄と事柄が話としてつながるように、接続詞で結んでいくことを指導すればいいでしょう。

繰り返しますが、日記を書くことは、創造的発想力までは必要でなく、知識プールからイメージを表す言葉とそれをつむぐ基本論理を呼び出して、話の筋道をつけて文章にしていく作業です。

ですから、必要な能力の数は少なくてすみますので、論理的な文章を書かせる前に日記を書かせるのは、理にかなった指導なのです。

◎物語の設定を細部まで考えさせて発想力を鍛える

発想力を鍛える方法としては、**物語のストーリー、特にキャラクターの細かい設定まで考えさせる**というものがあります。

たとえば、小学生向け学習漫画のストーリーで、スポーツ根性漫画のように、2つのチームを四則計算で競わせるという設定で考えさせます。ただ、これだけの設定ではなかなか細部まで考えられるものではありません。

そこで、次の表のような項目を与えてみるとどうでしょうか。

各項目について、身近なことをヒントに考えさせるのです。そうすると、思わぬキャラクターが生まれ、子どもたちはそのキャラクターについて、身長・体重・特徴・趣味といったように、どんどんイメージを膨らませていきます。それが発想の原点となります。

順番は関係ありません。思いつく項目から考えさせればいいのです。数人で話し合いながらさせると、それ自体が発想の訓練になり、他人の発言に刺激されて新たな発想が生まれてくる経験をすることもできます。

①チーム名	○○チーム	□□チーム
②リーダー		
③メンバーA		
メンバーB		
メンバーC		
④小学校		
⑤リーダーの住所		
⑥リーダーの父親の職業		
⑦リーダーの祖先		
⑧リーダーの服装		
⑨サブキャラクター		
⑩メンバーAの父親の職業		
⑪メンバーBの父親の職業		

⑫メンバーCの父親の職業		
⑬個人の算数への取り組み		
⑭チームの算数への取り組み		
⑮チームの決め台詞		
⑯メンバーの服装		
⑰通学手段		
⑱校長先生		
⑲教頭		
⑳担任		

実際に私もやってみました。私は音羽御殿の近くに住んでいますので、主人公はやはりお姫様ということにしたくなります。そこからはじまって、次のように項目を決めてみました。

その結果を見ると、どのようにして決めたかという理由のようなものも見えてくるものです。私たちが単なるひらめきで決めているようなことでも、なにかしら関連があったり、潜在的意識のレベルでは理由があったりするものです。

①チーム名	お姫様チーム	お嬢様チーム
②リーダー	姫野　まい	橘　小百合
③メンバーA	わたる	翔
メンバーB	かける	積
メンバーC	たすく	和
④小学校	区立音羽小学校 100年の歴史のある木造建築。時には雨漏りもするし、ねずみも出る。もちろん、冷暖房なし。	私立六本木学園初等部 超ハイテク校舎で、すべて自動化、宇宙船のような設備。
⑤リーダーの住所	なぞ（由緒ある館）	六本木ヒルズ最上階
⑥リーダーの父親の職業	なぞ（実力政治家）	ＩＴ企業の社長
⑦リーダーの祖先	なぞ（徳川家家老の家系）	明治以降の財閥の家系

⑧リーダーの服装	七変化 学校、自宅、祖父母宅、お出かけと状況によって服装が変わる。	つねにブランド品 制服すらフランス本社で仕立てさせる。
⑨サブキャラクター	オウム オウムは計算九九から算数・数学の公式まですべて暗記させられている。	ロボット 情報収集・分析・決断できる超未来型ロボット。メンバーはロボットに支配されている面もある。
⑩メンバーAの父親の職業	町医者（江戸時代から続く）	旅行会社社長
⑪メンバーBの父親の職業	建築業（江戸火消しの子孫）	貿易会社社長
⑫メンバーCの父親の職業	都庁勤務（江戸時代の私塾の子孫）	投資ファンド会社社長
⑬個人の算数の取り組み	努力	天才的ヒラメキ
⑭チームの算数の取り組み	和算の伝統を受け継ぎ算数は遊びと考えている。できる子ができない子を教える。グループで勉強する。	大学受験をつねに意識しメンバーも受験ではライバルとの意識が強い。一緒に勉強することはない。競技会では個々が結果を出していく。
⑮チームの決め台詞	「できないのは君の心だ、頭じゃない」	「算数はバカが嫌いなんだよ」

⑯メンバーの服装	一般的服装の中に一つ江戸文化の伝統が表れているものを取り入れる。	高級ブランド品
⑰通学手段	徒歩	運転手つき外車で送迎
⑱校長先生	柳生正宗 徳川将軍家剣術指南役柳生家の子孫で剣道の達人。人情家。	板垣進助 ハーバード大学数学科卒。アメリカナイズされた合理主義者
⑲教頭	柳家笑天 明るく洒落がわかる落語家の家系で、落語は得意。	小山内洋 オックスフォード大卒。クラシック音楽・オペラについては専門家レベル
⑳担任	桃太郎 薫と生年月日が同じ。同じ大学のサークル	英　薫 大学の途中でイギリスに留学

◎さらにストーリーを展開させる

物語の設定を考えさせたら、そのストーリーを展開させてみましょう。

話の展開においても、当然、5W1Hの視点が必要になります（一般的にストーリーを進めるきっかけとして、対立、葛藤、障害、謎の連続性、意外性などがいわれていますが、これらの言葉も、ストーリーを引き出すキーワードになります）。

子どもたちがつくったキャラクターを使ってストーリーをつくらせると、一歩進んで空間的思考力と時間的思考力を鍛えることにつながります。

私がつくったキャラクターで考えると、次のようになりました。

場所は東京、さらにいえば、音羽と六本木。

時は現在ということになりますが、それだけでは時間的な厚みがでません。ですから、因縁話を入れて過去にさかのぼれる仕掛けをつくります。たとえば、担任の桃太郎と薫が実は双子だったというような伏線を張っておきます。

次に、2つのチームが出会う理由を考えなければなりませんが、そこは甲子園大会から連想して「計算甲子園」という計算競技大会をつくります。

実際に知っている知識を加工して新たな言葉をつくることを体験させることも重要です。これも一種のイノベーションともいえるものです。

このように、物語によっては大変複雑な論理展開が必要になるものですが、論説文ではそれほど複雑な論理展開はしていません。起承転結とか序論・本論・結論といったオーソドックスな展開でも十分表現できます。だからこそ、一度でも少々複雑な物語文で考えさせてみることに大きな意味があるのです。

いずれにしても、論理を展開させるには、要となる接続詞が使いこなせるようにしておかなければなりません。この点については、次の「技術３」でくわしく説明しましょう。

まとめ

いつどこで　誰がなぜなに　どのように

4 【技術3】 論理を正しくつなぐ

3つめの技術は、「論理を正しくつなぐ」ということです。

文章を構成する要素のなかで、前後の事柄を結ぶはたらきをするものとしては、

① 代名詞
② 接続助詞
③ 接続詞

の3つの「接続語」があります。

論理をつなぐ接続語

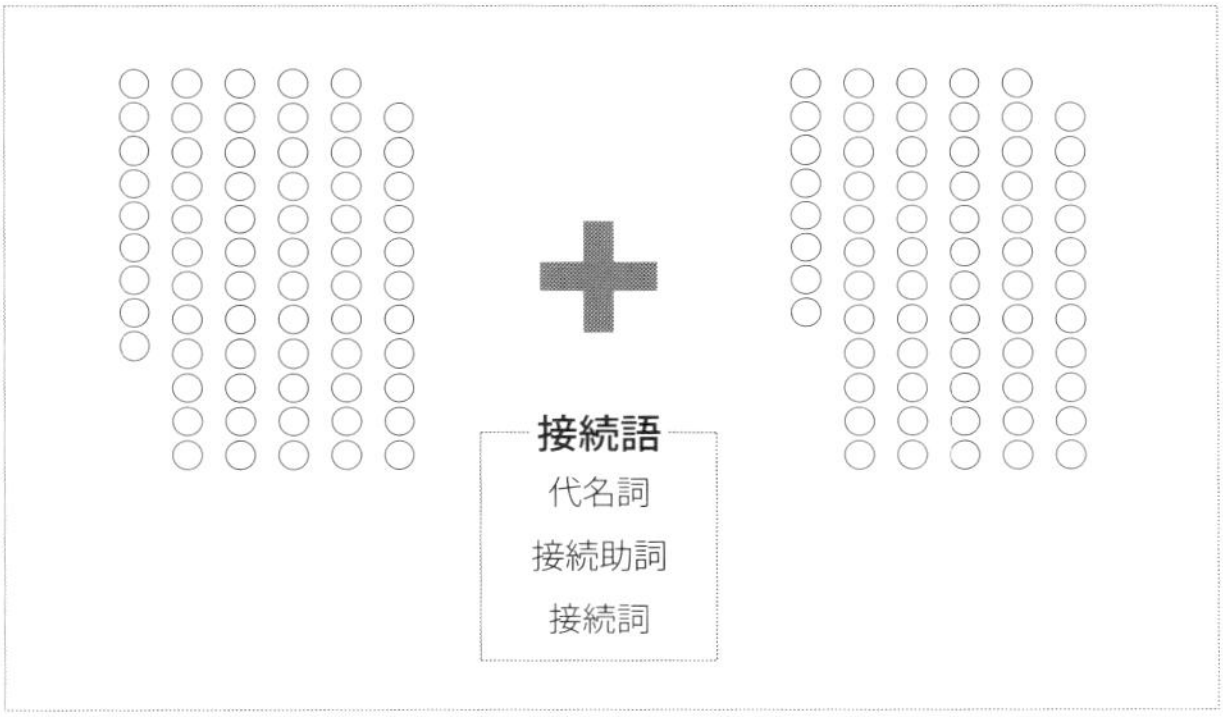

論理をつなぐには？

書く材料が揃ったら、今度はそれをどうつないで論理的な構成にするかです。

文章は鏡であり、実体は書き手（話し手）の中にあります。その人が知識や経験をもとにして、頭の中で自分なりに筋道をつけ納得していたとしても、それを相手に伝えるには、相手に合わせた語彙と論理で言葉をつむいでいく必要があります。

論理展開という言葉を聞くと、論説文を思い浮かべたり、学生時代の小論文を思い出したりする人もいるでしょう。

小説においても当然、論理展開は必要なものです。たとえば、情景描写とそれを受けた心理描写の間には、論理的整合性をもたらす接続詞が使われます。また、場面と場面の間にも、論理的関連性をもたらす接続詞が使われています。

その証拠に、かつての文豪も、接続詞に関してはかなり気を遣っていたようです。井伏鱒二の書いた『「が」「そして」「しかし」――文体は人の歩き癖に似ている』というエッセイがあります。その中の接続詞についての話が、『文章は接続詞で決まる』（石黒圭著、光文社新書）で紹介されています。ここで少し引用してみましょう。

二、三年前のこと、私は自分の参考にするために、手づるを求めて尊敬する某作家の組版ずみの原稿を雑誌社から貰って来た。十枚あまりの随筆である。消したり書きなおしてある箇所を見ると、その原稿は一たん清書して三べんか四へんぐらい読みなおしてあると推定できた。

その加筆訂正でいじくってある箇所は、「……何々何々であるが」というようなところの「が」の字と、語尾と、語尾の次に来る「しかし」または「そして」という接続詞とに殆ど限られていた。訂正して再び訂正してある箇所もあった。その作家の心得の行くまで厳しく削ってあるものと思われた。

あれほどの作家の作品にして、「が」の字や「そして」「しかし」に対し、実に初々しく気をつかってある点に感無量であった。


これを読むと、接続語が文章を綴るうえでいかに重要な位置をしめているかがおわかりいただけると思います。それだけに、接続語を正しく使うことが大事なのです。

論理をつなぐ代名詞・接続助詞

私たちは、文章を読むとき、読んだ文の意味を記憶しながら、そのあとの展開を予想しています。人の話を聞くときも、同じことがいえます。

私の経験では、一度に記憶できる音声は、小学校高学年にもなると生活文で一文30文字程度になります。いわゆる伝言ゲームで、どうにか正確に伝わる文字数です（まったく意味のない「ふなきてこたわさつと」といった文字列だと、年齢に関係なく7、8文字というところでしょう)。この30字ごとの内容をつないでいくのが接続語です。

そもそも接続語は、どのように文の意味をつなぐのか見ていきましょう。

◎代名詞とは?

まず、代名詞からです。

2つの文をつなぐとき、前の文が30文字以内であれば、その意味内容はそのまま記憶されています。その中の名詞を指し示す代名詞を次の文で使っても、とまどう子はほとんどいないでしょう。

たとえば、次の問題では、迷うことなく答えられると思います。

「僕は、きのうお母さんに本を買ってもらいました。(25文字)

うれしかったので、きょうの朝、はやく起きて**それ**をよみました。

問題 それとは何ですか。

(答え:本)

このことを念頭に置きながら、その代名詞が指し示す語がある文が、どのような位置にあるかも確認して、指導しなければなりません。

すぐ前の文にあり、その文が30文字以内であれば、その指示語が何を示すかをいちいち確認しなくてもすみますが、代名詞が指し示す語がいくつか前の文中にある場合は、当然わかるだろうと思っても、一応確認をしておく必要があります。

また、「これ」「それ」といった代名詞が前の文全体を指し示すことがありますが、その場合も、前の文が30文字以内であれば、前の文の意味は確認しなくてもいいでしょう。しかし、前の文が長文の場合は、前の文を要約して意味をつかむ必要があります。

ここで確認の意味で、代名詞にはどのようなものがあるか、次のページに表をかかげておきます。これらの代名詞が何を指し示すのかを確認することも、りっぱな国語指導です。

◎接続助詞とは？

次に、接続助詞について説明しましょう。

接続助詞は、おもに動詞、形容詞、形容動詞、そして助動詞などのあとについて、その

		人称代名詞	指示代名詞 事物	指示代名詞 場所	指示代名詞 方角
一人称		わたくし わたし ぼく			
二人称		あなた おまえ きみ			
三人称	近称	このかた	これ	ここ	こちら こっち
	中称	そのかた	それ	そこ	そちら そっち
	遠称	あのかた かれ	あれ	あそこ	あちら あっち
不定称		どのかた だれ どなた	どれ	どこ	どちら どっち

前の部分の意味と、あとの部分の意味をつなぐはたらきをします。
その意味のつなぎ方には、

① 仮定の順接
② 仮定の逆接
③ 確定の順接
④ 確定の逆接
⑤ 連用修飾関係
⑥ 並列関係

があります。一つずつ見ていきましょう。

① 仮定の順接
想像上の事柄を前提とした場合、常識で考えると、順当に出てくる事柄が述べられている関係をいいます。

例文　…　「あす晴れれば、遠足に行きましょう」

② 仮定の逆接
想像上の事柄を前提とした場合、常識で考えると、逆に出てくる事柄が述べられている関係をいいます。
例文…「あす雨が降っても、遠足に行きましょう」

③ 確定の順接
事実である事柄を前提とした場合、常識で考えると、順当な事柄が起こる関係をいいます。
例文…「雨が降ったので、遠足は中止になりました」

④ 確定の逆接
事実である事柄を前提とした場合、常識で考えると、逆に出てくる事柄が述べられている関係をいいます。
例文…「雨が降りましたが、遠足に行きました」

⑤　連用修飾関係

前の事柄が、後ろの事柄がどのようであるかを説明している関係をいいます。

例文…「テレビを見ながら、食事をします」

⑥　並列関係

前の事柄と後ろの事柄が類似の事柄となる関係をいいます。

例文…「先生は、やさしいし、親切です」

◎文末接続詞というものもある

ここで、接続助詞ではないのですが、ちょっと変わったつなぎ方を紹介しましょう。

いわゆる「文末接続詞」といわれるものです。たとえば、

①　文の最後について、次の文の意味を引き出す

例文…「彼女は美しいだけではない。立ち居振る舞いも優雅であり、言葉づかいにも品を感じる」

②　文の最後について、前の文の意味と関係づける

例文…「秀幸は、明日いつもより早く起きる予定です。野球部の朝の練習に参加するからです」

ほかにも、「……のではない」「……だけではない」「……わけだ」「……と思われる」など、多くの種類がありますが、いずれにしても、それほど長い文をつなぐことはありません。

このように、文字数が30文字以内であれば、2つの事柄の意味はほぼ同時に考えることができるので、常識的「論理」が身についていれば、正確に読み解くことができます。

論理展開の要、接続詞

それでは、いよいよ、論理展開を左右する「接続詞」について説明しましょう。

接続詞は、文と文を結ぶだけではなく、前の段落の意味と後ろの段落の意味との関係を表したり、いくつかの段落をひとまとめにした意味段落どうしの関係を表したり、さらに文章と文章との関係を表したりすることもあります。

そうなると、文字数が多くなるので、前の部分の事柄を要約して、その意味を記憶しなければなりません。また、接続詞によって予測しながら読まなければ、次の文の要約も簡単ではありませんし、全体の意味がつながらなくなってしまいます。

◎接続詞は、何のためのもの？

これから、論理的表現力をつけるという観点から、接続詞を説明しましょう。

接続詞を使う目的は、**相手にこれから書く内容を予想させる**ことです。それによって、相手の思考作業を省き、こちらの趣旨をより速く、より正確に伝えようということです。たとえると、旅人が分かれ道で迷わないように置かれた道しるべの役割を担っています。

しかし、接続詞そのものの意味は、動詞や形容詞のように、五感を通して得た知識と結びつけるわけにはいきません。それは、論理的な会話を聞き、論理的な文章を読まなくては身につきません。そのような教育環境で育てないと、接続詞を使いこなせるようにならないのです。

論理をつなぐ接続詞を使いこなせないと、論理的な表現はできません。論理的表現ができないということは、コミュニケーションがとれないということにもつながります。接続詞を使わない短い言葉で自分を表現するしかなく、相手の話の展開も理解できないということになれば、人間関係で深刻な状態になることは避けられないでしょう。

そうならないためにも、小学生のときに、品詞分解までは必要ありませんが、少なくとも**接続詞だけを取り出して、接続詞そのものの意味が身につくようなトレーニングをしてやることが必要**だと思っています。


ここで注意しなければならないことは、接続詞自体の機能と使い方は別ということです。もし、「書き手の論理」と「読み手の論理」が異なっている場合は、いくら「書き手の論理」で適切な接続詞を選択しても、読み手にとっては論理矛盾に映ります（193ページでお話しします）。

それでは、まず機能面から、それぞれの接続詞が、どのようなはたらきをもっているかを説明したあとに、その機能を身につけるトレーニングについて説明していきます。

機能面では、①順接、②逆接、③累加（添加）、④並立（並列）、⑤対比・選択、⑥説明・補足、⑦転換、の7つに分けられます。

◎その1　順接の接続詞

この接続詞は、前の事柄を原因とすると、順当な結果が後ろにくることを予想させるはたらきがあります。それを大きく分けると、

① 前の事柄が事実である場合（確定条件）
例…だから　したがって　ゆえに　よって　そのために　それで

② 前の事柄が想像上の場合（仮定条件）
例…それなら　それでは　すると　そうすると　そうしたら　だとすると　だとしたら

の2つがあります。

まず、①の例文

「風邪をひいて39度の熱がありました。だから、運動会に参加できませんでした」を使って思考過程を考えてみましょう。

「風邪をひいて39度の熱がありました」と読んだとき、読者は自分が風邪をひいたときの体験から得た情報を無意識のうちに呼び出しています。それによって、ここまでの文の意味を理解するのです。

次に、「風邪をひいて39度の熱がありました。だから、……」と読み進んだ時点で、想像がはたらくわけです。「だから」とくれば、順当な結果である「薬を飲んで熱を下げる」「病院に行く」といったことや、「出かけられない」「勉強できない」といったことも想像できるでしょう。

これらの想像をふまえて、「運動会に参加できない」という文章を読めば、「熱が高くなると、体を動かすのがつらくなる」という「因果関係の理論」で、2つの文を関係づけて理解することができます。ここではじめて、２つの文を読み解いたといえます。

では、②の例文を使って考えてみましょう。

「風邪をひいたので、明日は高熱になるかもしれない。そうしたら、運動会に参加しません」

この文の「風邪をひいたので、明日は高熱になるかもしれない」という前提は、実際に起こるかもしれないし、起こらないかもしれない事柄（仮定条件）をイメージさせます。

そして、「そうしたら」の接続詞まで読み進んだとき、高熱を前提としたときに起こる順当な結果をイメージします。

このように、順接の接続詞を見た時点で、前提の事柄から順当な結果を予想することができ、それをふまえて、次に展開される事柄の文を読むことになるので、２つの文の関係が理解しやすくなるのです。

◎その2　逆接の接続詞

「順接」とは反対に、前の事柄と逆になる事柄が、後ろにくることを予想させるはたらきがあります。

例…　しかし　だが　ところが　けれど　けれども　でも　だけど　が
とはいえ　しかるに　なのに

「風邪をひいて39度の熱がありました。しかし、運動会に参加しました」
という文で考えてみます。

この場合は、「風邪をひいて39度の熱がありました。しかし、……」まで読み進んだときに、先ほど想像したのとは逆のことを想像するでしょう。

その想像をもとに、「風邪をひいて39度の熱がありました。しかし、運動会に参加しました」という文を、「39度の熱があっても無理をする人がいるなあ」という感想をいだきながら理解する人が多いと思います。

このように、逆接の接続詞は、自然に思い浮かぶ順当な結果ではなく、逆の結果を人為的にイメージさせるので、読み手にとっては思考エネルギー消費が多くなるものです。だから、この逆接の接続詞を多く使われると、頭が疲れます。

たとえば、「風邪をひいて39度の熱がありました。しかし、運動会には参加しました。ところが、すぐ気分が悪くなって教室に戻りました。けれども、やはり騎馬戦には出たかったので、また運動場に行きました。だけど、先生に止められたので参加できませんでした」という文は、読んでいて疲れませんか？

このように考えると、**逆接の接続詞を連続して使うべきではない**といわれていることも納得できます。

こういうときは、時系列に並べるのではなく、事柄を整理して伝えるようにすると、相手に負担をかけずに趣旨を伝えやすくなります。

たとえば、先の文を「運動会の騎馬戦にはどうしても出たかったので、気分が悪く休んでいた教室から、もう一度運動場に戻りました。しかし、先生に止められました。というのは、先生は、僕が39度の熱をおして運動会に参加していることを知っていたからです」と書き換えるとどうでしょうか。読みやすくなったと思いませんか？

子どもたちに教えるときも、逆接の接続詞を連続して使ってはいけないという結果だけを教えるのではなく、相手に対する「思いやり」から、そのようにするのだということを教えることが必要だと思われます。それと同時に、事柄を整理して表現する方法も教えることです。

◎その3　累加（添加）の接続詞

> 前の事柄に、後の事柄をつけ加えることを予想させるはたらきがあります。
>
> **例**…　**それから　なお　しかも　そして　それに　そのうえ**

この接続詞の前後の事柄は同類のものなので、分類して記憶していれば、累加の接続詞まで読み進んだとき、前の事柄と同類の事柄を想像することになります。たとえば、「兄は、夕食にラーメンを3杯食べました。そのうえ、絵もかきました」では、意味がつながりません。それは、「そのうえ」という累加の接続詞が、「ラーメン」と同類の「食べ物」を導く接続詞だからです。

ですから、「寿司」であれば同類なので、「兄は、夕食にラーメンを3杯食べました。そのうえ、寿司まで食べました」といえば、意味は通ります。

◎その4　並立（並列）の接続詞

前の事柄と後ろの事柄が並んでいることを予想させるはたらきがあります。

例…**また　および　ならびに**

累加の接続詞は後から追加するイメージですが、並列の接続詞は、最初から並んで存在しているものを記述する関係上、前後せざるをえなかったということだけです（累加の場合よりも制限的なイメージがありますが）。ですから、原則的には、前の事柄と後ろの事柄を入れ替えても意味は変わりません。

たとえば、「彼は学者であり、また政治家でもある」という場合、「また」まで読み進んだとき、「学者」と同じ種類（職業）の語がくることが想像されます。「学者」と「政治家」を入れ替えても、原則として意味は変わりません。

◎その5　対比・選択の接続詞

前の事柄と後ろの事柄の、どちらかを選ぶことを予想させるはたらきがあります。

例　…　**それとも　あるいは　または　もしくは**

たとえば、「食事は、和食にしますか、それとも、洋食にしますか」では、「それとも」まで読み進んだとき、「和食」と対になる語がくるということが想像されます。

◎その6　説明・補足の接続詞

前の事柄についての説明や補足がくることを予想させるはたらきがあります。

例　…　つまり　なぜなら　ただし　もっとも　すなわち　というのは　要するに

「昨日は学校を休んだ。なぜなら、風邪をひいたからだ」において、「なぜなら」まで読み進んだとき、これから「学校を休んだ」理由が述べられると想像できます。

◎その7　転換の接続詞

話題を変えることを予想させるはたらきがあります。

例　…　ところで　さて　では　ときには

「お父さんが帰ってきた。では、夕食にしよう」において、「では」まで読み進んだとき、話題が変わるなという想像ができます。

◎接続詞のはたらきを身につけるトレーニング

いつも言っていることですが、まずは親がお手本を見せることです。**身近な事柄で例文をつくり、それを暗記させる**のです。

たとえば、「夏は過ぎ、そして秋がきた」「努力はした。しかし、成功はしなかった」というように、20〜30字で例文をつくってみてください。そうすれば、子どもたちは、接続詞の前後の意味を簡単に比較することができ、その接続詞が果たしているはたらきをしっかり理解することができます。

それを、いきなり長文と長文を結ばせたりしたのでは、身につくものも身につきません。そうなると、いったん記憶した事柄をもう一度呼び出し、次の文の意味と比較するという複雑な思考作業をしなければならなくなります。最初から、それに対応できない子もいます。

先にも話しましたが、30文字以内であれば、途切れることなく一連の思考作業としてできます。

◎接続詞には、使う人の論理が表れる

接続詞の意味がわかったところで、文と文を結ぶ練習をします。

たとえば、

「私は、38度の熱がありました。（　　　　）、学校へ行きました」

の答えは何だと思いますか？

「しかし」を正解として教える人がいますが、それはたいへん危険なことです。

まず、子どもの考えを聞いてやるところからはじめなければなりません。

最初から、子どもに世間の常識を求めてはいけません。子どもの感性を大切にしないと、気持ちと表現がアンバランスになり、表現することをためらうようになる可能性もあります。

もしその子が、少し熱が出ても学校に行きたいと思っているようなら、「そして」を入れるかもしれません。つまり、こういった接続詞を入れる問題は、接続詞の意味を身につけさせる問題ではなく、**その子が持つ論理を表現することを教える**ものともいえます。

ですから、この種の問題では、子どもが思っていることを聞いたうえで、接続詞の適切な使い方を教えなければなりません。

こうして接続詞のはたらきを身につけさせると、いくらでも長い文章が書けるようになるでしょう。

表現の説得力は統合論理にある

ここまで論理的表現の技術についてお話ししてきましたが、表現の「説得力」と論理の関係について最後に少しふれておきます。論理的表現力という場合の論理とは、考えをおし進めていく、つまり「筋道」という意味で使ってきました。ですから、「論理的」の意味は、議論、思考などの筋道が通っているようすという意味で使っていました。

ここでは、論理を「基本論理」と「統合論理」の２つに分けて考えてみます。

基本論理は、１つの前提と１つの結果を結ぶ思考の筋道という意味で使います。これを「最小単位の論理」と呼ぶこともできるでしょう。

では、この基本論理は、どのように使われているのでしょうか。

たとえば、

①「雪が降ったので、出かけませんでした」

②「雪が降ったので、出かけました」

を比べてみましょう。

①では「雪が降る」という前提に対して、「寒い→体調が崩れる」という基本論理がはたらき、「出かけない」という結果を導いたと考えられます。

それに対して、②では「雪が降る」という前提に対して、たとえば「積もる→スキーができる」という基本論理がはたらき、「出かける」という結果を導いたと考えられます。

こうしてみると、会話の1つひとつに状況の基本論理がはたらいているといっても過言ではありません。ですから、ある状況の基本論理が欠落している人は、その状況下では、異様な立ち居振る舞いをするはずです。いわゆる「空気が読めない人」です。

もう1つ、与えられた前提から出発し、求められる結論に至るまでの、いくつかの基本論理を統合した思考過程という意味でも「論理」という言葉を使います。これを、「統合論理（集積論理）」と呼ぶことにします。

たとえば、

①「イヌは動物です」
②「動物は生物です」
③「ゆえに、イヌは生物です」

という典型的な三段論法について説明すると、次のようになります。

①では、「イヌは動物に分類される」との基本論理がはたらいています。
②では、「動物は生物に属する」という基本論理がはたらいています。
そして、③においては、①と②の基本論理が統合されています。つまり、「統合論理」がはたらいているのです。

このように、複数の文で成り立つ文章においては、基本論理を統合するための統合論理が必要になってきます。それは、段落においては話題であり、文章においてはいわゆる主題・要旨です。


これまで見てきたように、論理的表現をするためには、言葉をつむいで話の筋道を通すための基本論理と統合論理を身につけなければなりません。

そうしなければ、論理的表現はできないのです。文章読解においては、単語の意味や文法理論を知らなくても辞書を片手にすれば、大まかな意味はつかめるものです。しかし、基本論理を知らなければ、単文すら表現できません。統合論理が必要な論理的文章はなおさら書けないでしょう。

ですから、小学生のときに、日常生活やお手伝いを通して豊かな経験を積ませ、読書によって知識を蓄積させておくことが必要です。それらを通して基本論理や統合論理が身についていくのですから。

表現の豊かさは語彙力にあります。表現の緻密さは基本論理にあります。そして表現の説得力は統合論理にあるのです。

まとめ

接続詞　文脈予想　道しるべ

5 読書を習慣づける

さらに表現力をアップさせるには、これはもう、読書しかありません。

読書をすればするほど知識も増えますし、基本論理も身についていきます。さらに、指導者について読書すれば、統合論理も身につけることができます。

表現されているものを読むときには、知らない言葉は調べることもできますし、わからない論理は教わることもできます。なので、自分が表現できるレベルよりも難しい文章でも、時間をかければ読み解くことができます。それを自分の中に蓄積していけば、表現のレベルを上げることができます。

以上の点から私は、小学生には多読をすすめています。

各ジャンルのものを、バランスよく読ませる

注意すべきことは、読書の分野が偏らないようにすることです。一般的に学年別推薦図書として掲げてあるものは、ほとんどが物語中心になっています。低学年のときはそれでもよいのですが、高学年になればバランスよく読書させておかなければなりません。それは、文章の形式によって読み方が異なるからです。

そうしておかないと、大学受験で物語の読解は大変よくできるのに、論説文がからっきしダメという子になるかもしれません（もちろん、その逆もありえます）。

そこで、バランスのよい読書をするため、まず文章の形式にはどのようなものがあるかをあらかじめ知っておく必要があります。そして、読書ノートをつくる場合には、書名、著者、出版社、読書開始日、読書完了日につけ加えて、文章形式の欄を設けておくといいでしょう。そうすれば、読書の冊数をチェックできるだけでなく、分野別冊数をチェックすることもできるからです。それを参考に、読ませる本を選んでいけば、バランスのとれた読書をさせることができます。

参考のために、形式の種類だけ掲げておきますので、それぞれについて、学校の先生などにお子さんにあった図書を推薦してもらってみてください。
①物語　②伝記文　③随筆　④紀行文　⑤説明文　⑥解説文　⑦論説文
⑧生活文　⑨手紙文　⑩記録文　⑪報道文　⑫脚本　⑬詩　⑭和歌　⑮俳句
⑯古文

くれぐれも学年推薦図書にこだわることなく、お子さんの現在の国語力に合った本を与えることです。そうすれば、子どもは本来、知的好奇心が旺盛ですから、楽しく読書をするようになるでしょう。

長文読解は、「使えない学力」だった

表現も読解も、「知識と経験」によってなされ、その「知識」は読書によって効率的に

身につくとお話ししました。これから、その読書をする習慣をどのようにして身につけるかについてお話ししますが、その前に「読書」と「読解」の違いについて説明しておきます。

私は30年にわたり、中学受験、高校受験、大学受験の読解指導、また大学受験、大学院受験、資格試験の論文指導をしてきました。

ほとんどの人が、受験対策として国語の読解問題を解きますが、それはほんの一時期のことです。私は、子どもたちとともに受験に立ち向かうことを生業としてきたので、子どもたちに一点でも多くとらせてやりたいという気持ちで、読解問題の分析研究をしてきました。多くの裏技も編み出してきました。こうして、国語で高得点をとらせる術も身につけさせました。

このような受験技術は、必ずしも読書をしなくても鍛えることができます。大学受験ですら一般的読書をいっさいさせず、「受験問題」だけを使って指導しても国語の点数をアップさせる自信はあります。

しかし、それは「使えない学力」だったのです。

そのような手法で受験用読解力を身につけ、国語で高得点を獲得し、受験では勝者とたたえられた子が、社会人になって、論理的表現ができずプレゼンがうまくできないとか、言葉の行き違いで人間関係が苦手ということで私のところに相談に来るようになったとき、私自身もともに悩みました。自分の指導は、なんと不甲斐なかったんだろうか、と。

本来、言語は、意思疎通をはかるために生まれ発展してきたものです。私たちが、子どもたちに国語を教える一番の目的は、子どもたちに自立してもらうためです。子どもたちに社会人として糧を得て、家庭生活を営んでもらうためにです。ですから、その学力をしっかり身につけさせてやりたいとの思いで、国語が受験科目にもなっているのではないでしょうか。

しかし、受験問題は長文読解が中心であり、文章中から正解を見つけ出すゲームになっています。その文章も出題者が書いたものではありません。ですから、受験問題は、引用された文章を書いた人の気持ちを読み取るのではなく、出題者がその文章をどのように読み取ったかを推理するゲームになってしまっています。

たとえば、宮沢賢治の文章が使われている国語の問題であったとしても、宮沢賢治の考え、思いを察するのではなく、出題者が書いた設問文と間違いを含んだ選択肢の文を読み込み、そこから、出題者がどのように理解しているかを推理するゲームになっているのです。

この推理ゲームがいくら上達しても、宮沢賢治の思想に触れることはできないでしょう。

読書習慣は一生の宝

それに対し、「**読書**」**は感動**です。知らないことを、知ったときの驚きです。わからなかったことが、わかったときの喜びです。現実でないことでも、さも現場にいるがごとく感じる臨場感です。登場人物になりきったときの共感です。そして、その感動を友と語り合う楽しさです。

この読書によって、人は知識を集積し、論理を獲得し、心を豊かにするのです。よき指導者のもとにおける読書によれば、相手を思いやる心さえも培うことができるのです。だから、読書は人を育むのです。

このような経験を経て、現在の私は、いわゆる「読解」は「入試のための学力」であり、状況把握が前提の実社会では「使えない学力」という実感をもっています。

ですから、小学生には、心を豊かにする読書の習慣を身につけさせてやりたいと思っていますし、現在はそのように指導もしています。

すでに教育現場では、授業前の「朝読」に取り組んでいる学校もあります。その10分の読書がその子の人生を豊かにしていくのです。

ただ、その短い時間で何を読ませるかが一番の問題です。たとえ名作であろうと、長編の物語を渡すと、細切れに読むことになり、逆にストレスがたまり読書が楽しくなくなります。このことを察して、その取り組みに協力する出版社も現れてきています。

たとえば、児童文学大手のポプラ社が「吾輩は猫である」「学問のすゝめ」など名作60作品を、朝読の時間でも読みきれるようにコンパクトに編集して出版したのは、子どもたちを原作へ導き、より大きな感動を与えたいとの思いからなのかもしれません。

「読書はすべての教科を学習する基礎」だということは周知の事実です。そして、子どもたちが身につけた「**読書習慣は一生の宝**」ということも昔から言われ続けてきたことです。それは教育現場だけに押しつけるのではなく、出版社、書店、家庭が一体となって取り組まなければならない問題です。それにもまして、日本国全体が考えなければならない問題なのです。

本に興味を持たせる方法とは

では、子どもたちに読書習慣を身につけさせるための第一歩は、どのように踏み出せばよいのでしょうか。

まずは、本に興味を持たせることです。近頃、辞書のCD-ROM化だけでなく、一般書のCD-ROM化も盛んになってきています。また、ネット上にはデータ化された本があふれています。しかし、これらは、子どもたちが読書をする動機にはなりません。

たとえば、60の名作をCD-ROM化して、子どもの前に置いたとしても、誰一人として興味を持たないでしょう。

その点、本には存在感があります。それ自体に知的パワーがあります。分厚い辞書には知的威厳があります。表紙は子どもたちに語りかけてくれます。

ですから、本がたくさんあるところに連れていくことが、読書の動機づけの第一歩です。

① 本屋さんへ連れていく

身近なところで本がたくさんあるところといえば、本屋さんです。子どもを本屋さんに連れていくことが、読書の動機づけの基本です。

本自体に知的エネルギーがあるので、本屋さん自体も知的な雰囲気に包まれています。お子さんがたとえ漫画に手を伸ばしたとしても、全面否定するのではなく、なかには内容を吟味すれば知識が増えるものもありますし、心を豊かにするものもあるはずです。それを身につけると、幅広い視野を持つようになるかもしれません。

② 図書館に連れていく

みなさんは、図書館をどのように使っていますか？　ほとんどの方が、読みたい本を借りるところだと思っているでしょう。

私は、図書館を本との出会いの場だと考えています。あまり図書館とは縁がなかった人は、まず、図書館に子どもを連れていくことです。本に囲まれた道をゆっくり、紙の匂いをかぎながら歩んでいれば、本の方から語りかけてきます。

そして、司書に、子どもにどのような本を読ませるのがよいのか相談してみることです。司書は、長年の経験から読ませるとよい本を、年齢別のバランスも含めて把握しているものです。

③　ホーム図書館をつくる

図書館で借りてきた本の保管場所として、「○○家図書館」などの名前をつけてひとつ書棚をつくるとよいかもしれません。

以前は、貸し出し冊数の制限が2週間で5、6冊でしたが、近頃では10冊ぐらいにはなっているようです。なかには、22日間で50冊という図書館もあると聞いたことがあります。

近所の上級生が使い終わった教科書をもらって、そこに置いておくのもいいでしょう。それは、子どもの知的好奇心をくすぐるからです。それに、お子さんがその学年になったとき、同じ教科書が2冊あると、そのうちの1冊に書き込みをしたり、重要語句を塗りつぶしたりして問題集にして、新しい教科書を解答として使うことができます。

借りてきた本をどのようにして読ませるかという問題もありますが、小学校低学年までは、親が読んで聞かせることです。とはいえ、そう簡単なことでないことはよくわかります。でも、１日３分だったらどうでしょうか。

この３分間が、親子にとって貴重な時間になるのです。子どもにとって一生の宝となるのです。

④　本を互いにプレゼントしあう

読書習慣を身につけさせるには、一冊の本を読みきらせることが必要です。受験国語に高校３年間で３０００時間費やし、「受験用読解技術」を身につけた子でも、読書習慣は身につかなかったという例があります。今では、さもありなんと受け止めざるを得ませんが、当時は不可解なことでした。

感動を伴わない読解では、読書意欲を駆り立てることはありません。一冊の本を読みきると、途中の感動とともに達成感を得ることができます。この達成感こそ、次なる読書意欲を駆り立てるエネルギーになります。

では、どうすれば一冊の本を読みきることができるのでしょうか?

もちろん、その本が面白いことが第一ではありますが、子どもどうしで誕生日などに本をプレゼントしあうようにはたらきかけるというのはどうでしょうか。もらった本を読み終えたら、あとから交換して読ませることもできます。そうやって読書習慣を身につけさせてやるのです。

そして、読書習慣が身についたところで、図書館に連れていけばいいでしょう。そのとき、図書館は、子どもにとって楽しいテーマパークのような存在になるはずです。

まとめ

読書して　知識・論理を　身につけよ

おわりに

最後までお読みくださいまして、ありがとうございます。

「国語で一生使える論理的表現力を育てる」という本書の主張は、いかがだったでしょうか。本書を執筆しながら感じたことは、よく「英語はロジカルな言語」といわれていますが、日本語だって十分ロジカルだということ、教育次第では十分ロジカルな思考力、表現力を身につけられる、ということでした。

繰り返し申し上げますが、論理的表現力の基礎である豊富な知識と緻密な論理は、読書なくしては身につきません。逆に言えば、子どもたちがバランスのよい読書習慣を身につければ、「学ぶ力」を身につけられるといっても過言ではありません。

しかし、次世代の子どもたちが「学ぶ力」を身につけてくれなければ、日本の未来はどうなるのでしょうか。

それを教育現場の先生だけに押しつけるのではなく、著者・出版社・書店・保護者が一体となって本文で書いたような取り組みをすることが必要なのではないでしょうか。

さらに、国家的取り組みをしなくては、教育における地域格差、学校格差、学級格差、そして、経済格差は広がるばかりです。

そのような思いを持ちはじめていた2004年3月1日、文部科学省へ赴き、銭谷眞美初等中等教育局長（現事務次官）とお話をする機会にめぐまれました。そのとき質問された事柄は、全国の子どもたち全員を公平公正に向上させてやろうとする大局的視点に基づくものでした。

そのような大局的視点を実感しましたので、本書もある意味、使命感をもって書きはじめましたが、何度も立ち止まり考える日々が続きました。そのたびに、担当編集の優しい三谷さんより指針を示していただき、どうにか2008年11月には、原稿としてお渡しすることができました。

しかし、それ以降は厳しい三谷さんから加筆修正の要請が矢継ぎ早にあり、ない知恵を搾り出さなければならない日々が続きました。その要請のうち、ほとんどは年末までに書き上げることができたのですが、10ページ以上にわたる全面書き換えの部分は、どうしても発想が浮かばず年を越してしまいました。

その状況を察してということではないと思うのですが、松下政経塾研修塾の古山和宏塾頭から「立志論文コンテスト公開決勝大会」を見学することを勧めていただきました。今年1月11日に若い人たちの志に触れ、そのパワーを受けて発想が浮かんできました。これは、この決勝大会に臨まれた左記の諸君のおかげと感謝しております。

中学生の部　日置駿君（慶応義塾普通部）草間由紀子さん（信州大学教育学部附属長野中）岡部達美さん（東横学園中）中島真悟君（ミッドパシフィック学校）

高校生の部　宮木江利子さん（熊本県立菊池農業高）栗林侑太朗君（熊本県立熊本高）平岡尚樹君（慶応義塾高）大森興太郎君（自由学園男子部高）藤本雅之君（高知県立高知追手前高）

また、この本を執筆するにあたっては、広島県教育委員会が取り組まれた「ことばの教育」の研究成果と、文部科学省から研究開発校の指定を受けられた広島県安芸高田市立向原小学校（東佐都子校長）の研究成果を参考にさせていただきました。

また、私が中学受験でもお世話になった『自由自在』（受験研究社）を頻繁に参照させていただきました。そして、本文で使いました言葉の意味は、これまた愛用しています小学館の『例解学習国語辞典』から引用させていただきました。

なにぶん、国語に関する執筆は初めてのことなので、不備な点もあろうかと思います。その点に関する疑問につきましては、できうる限りお答えしたいと思っております（メールアドレスはaaaaa@pastel.ocn.ne.jp）。

発刊に際し、前作に引き続きコンビを組ませていただきましたディスカヴァー・トゥエンティワン編集部の三谷祐一さん、そして私たちをつねに見守り続けてくださいました同社社長の干場弓子さん、いつもながら貴重なアドバイスをくださいました渡邊宝陽先生（立正大学名誉教授、ＮＨＫ教育テレビこころの時代２００３年度講師）、同郷の吉岡公義氏（元紀伊國屋書店社長）に　この場をお借りしてお礼を申し上げたいと思います。

最後に、小学校教育現場の視点から色々とアドバイスをくれた従弟の山本雅照校長、「ありがとう」。

２００９年２月

音羽塾にて　　田中保成

参考文献

石黒圭『文章は接続詞で決まる』（光文社新書、２００８年）
河野庸介『「フィンランド・メソッド」で我が子の学力を伸ばす』（主婦の友社、２００８年）
岸本裕史『「読む」「書く」「話す」で〝絶対学力〟を伸ばす本』（大和出版、２００５年）
『２００９年度受検用　公立中高一貫校適性検査問題集』（みくに出版、２００８年）
国立教育政策研究所編『生きるための知識と技能２』（ぎょうせい、２００４年）
金田一京助編集『例解学習国語辞典（第８版）』（小学館、２００３年）
『国語自由自在』シリーズ（受験研究社）
文部科学省「読解力向上に関する指導資料―ＰＩＳＡ型調査（読解力）の結果分析と改善の方向」（２００５年12月）

ディスカヴァー携書 035

使える学力 使えない学力
国語で一生使える論理的表現力を育てる方法

発行日 2009年 3 月15日 第1刷
2009年 4 月10日 第2刷

Author 田中保成
Book Designer デジカルデザイン室
長坂勇司(フォーマット)
DTP 谷 敦(アーティザンカンパニー)
Publication 株式会社ディスカヴァー・トゥエンティワン
〒102-0075 東京都千代田区三番町8-1
TEL 03-3237-8321(代表)
FAX 03-3237-8323 http://www.d21.co.jp
Publisher 干場弓子
Editor 三谷祐一
Promotion Group
Staff 小田孝文 中澤泰宏 片平美恵子 井筒浩 千葉潤子
飯田智樹 佐藤昌幸 横山勇 鈴木隆弘 山中麻吏
空閑なつか 吉井千晴 山本祥子 猪狩七恵 山口菜摘美
古矢薫 井上千明 日下部由佳 鈴木万里絵
Assistant Staff 俵敬子 町田加奈子 丸山香織 小林里美
井澤徳子 古後利佳 藤井多穂子 片瀬真由美
藤井かおり 福岡理恵 長谷川希
Operation Group
Staff 吉澤道子 小嶋正美 小関勝則
Assistant Staff 竹内恵子 熊谷芳美 清水有基栄
鈴木一美 小松里絵 濱西真理子
Creative Group
Staff 藤田浩芳 千葉正幸 原典宏 橋詰悠子 石橋和佳
大山聡子 田中亜紀 谷口奈緒美 大竹朝子
Proofreader 文字工房燦光
Printing 共同印刷株式会社

ISBN978-4-88759-698-6